LETTRE

DE FÉNELON

A M. DACIER

SECRÉTAIRE PERPÉTUEL DE L'ACADÉMIE

SUR

LES OCCUPATIONS DE L'ACADÉMIE FRANÇAISE

Nouvelle édition augmentée de Notes

PAR M. L'ABBÉ DRIOUX

Ancien Professeur de rhétorique et d'histoire au Séminaire de Langres,
et membre de la Société littéraire de l'Université catholique de Louvain.

PARIS

JACQUES LECOFFRE ET Cie, LIBRAIRES

RUE DU VIEUX-COLOMBIER, 29

LETTRE
DE FÉNELON

LES OCCUPATIONS DE L'ACADÉMIE FRANÇAISE

Paris — Imprimerie P.-A. BOURDIER ET Cie, rue Mazarine, 30.

LETTRE
DE FÉNELON

A M. DACIER
Secrétaire perpétuel de l'Académie

SUR

LES OCCUPATIONS DE L'ACADÉMIE FRANÇAISE

NOUVELLE ÉDITION, AUGMENTÉE DE NOTES

PAR M. L'ABBÉ DRIOUX

Ancien Professeur de rhétorique et d'histoire
au Séminaire de Langres, et membre
de la Société littéraire de l'Université catholique de Louvain

PARIS

JACQUES LECOFFRE, ÉDITEUR

RUE BONAPARTE, 90

1864

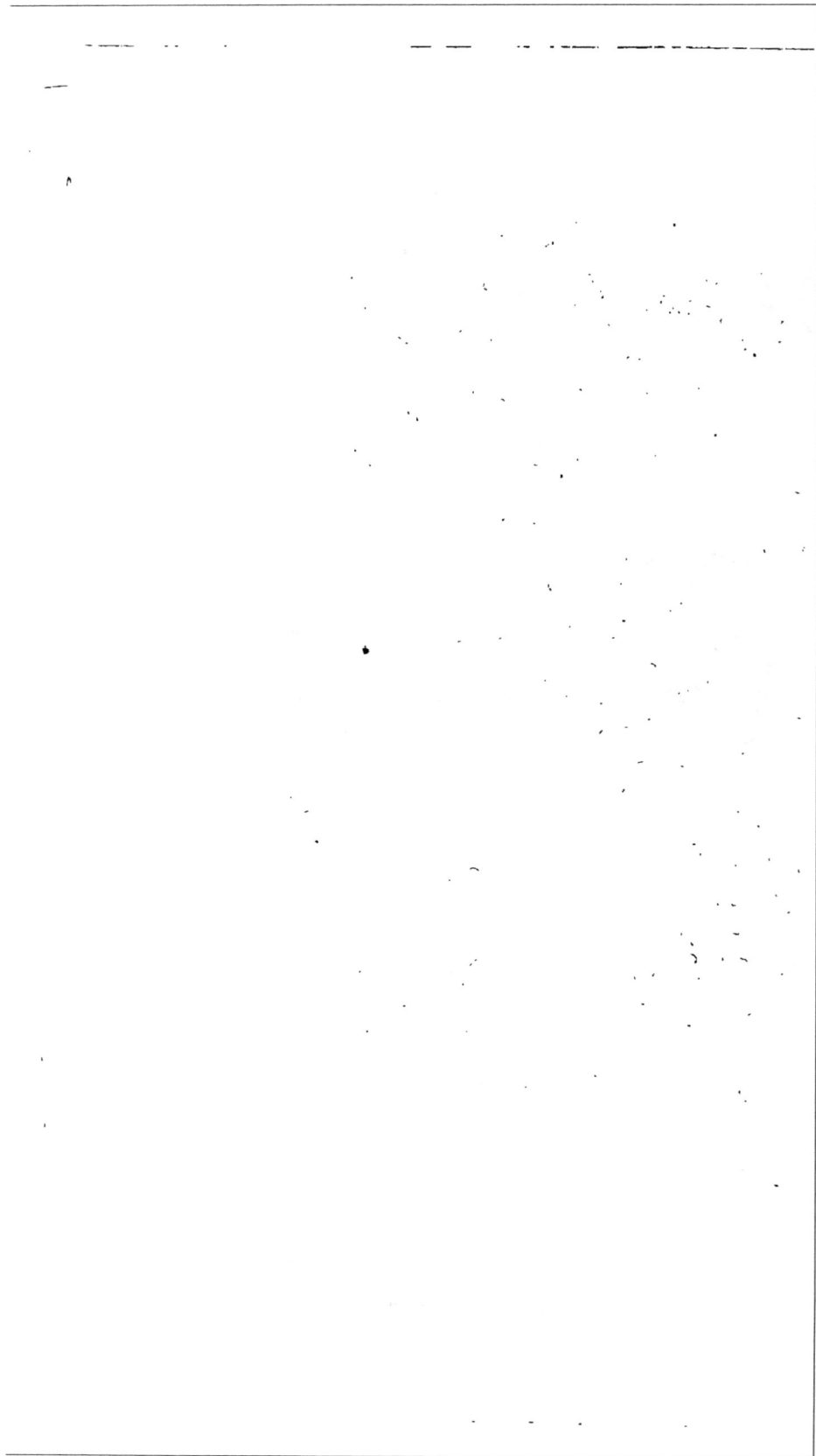

AVERTISSEMENT.

—

Fénelon écrivit sa *Lettre à M. Dacier sur les occupations de l'Académie*, en 1714, quelques mois avant sa mort. Il avait été reçu à l'Académie, en remplacement de Pellisson, le 31 mars 1693. Depuis ce moment, il s'était souvent entendu railler sur son titre d'académicien par madame de Maintenon, qui ne pouvait regarder, disait-elle, l'Académie *comme un corps sérieux*. Le public ne se montrait pas plus juste envers cette compagnie, et le mot de madame de Maintenon était répété sur tous les tons par tous les beaux esprits.

Pour répondre à ces plaisanteries malignes, ces messieurs de l'Académie travaillèrent à un *Dictionnaire de la langue française*, et se mirent en mesure de rendre, en matière de langage, leurs premiers arrêts. Les occupations de Fénelon ne lui permettant pas d'assister à leurs séances, ils ne voulurent pourtant pas se priver entièrement d'une aussi grande lumière, et ils le consultèrent sur la direction de leurs travaux. M. Dacier, le secrétaire perpétuel, écrivit à l'illustre archevêque, et lui demanda ses conseils.

Fénelon lui répondit en homme de génie. Ne se contentant pas de dire sa pensée sur l'ouvrage entrepris par ses collègues, il leur traça d'une main ferme un plan d'études dont la réalisation devait à jamais condamner au silence leurs ennemis et leurs envieux. Ainsi, après la publication d'un Dictionnaire, Fénelon eût désiré voir l'Académie s'occuper de la composition d'une *Grammaire*; recueillir dans tous les auteurs anciens les éléments d'une *Rhétorique* courte et précise; exposer aux poëtes leurs devoirs dans une excellente *Poétique*; décrire tous les secrets de l'art dramatique; et composer un *Traité d'histoire*, capable de diriger tous les nouveaux écrivains qui entreraient dans cette carrière. Il termine par des réflexions sur les anciens et les modernes, dans le but de calmer l'irritation que cette question avait excitée dans le monde littéraire de cette époque

Toute cette lettre est infiniment remarquable par là justesse des appréciations, la beauté des idées, et l'élégante facilité du style. La partie qui concerne la *poétique* est peut-être un des morceaux les plus agréables de la littérature française, et les plus propres à former le goût des jeunes gens. On y observe, avec une surprise mêlée d'admiration, combien Fénelon, déjà parvenu à un âge assez avancé, et presque uniquement occupé, depuis trente ans, des études les plus graves de la religion et des discussions les plus épineuses de la théologie, était encore rempli de ce goût si pur de la littérature grecque et latine, qui répand tant de charme sur tous ses écrits, et donne tant de grâce à toutes ses expressions. Il mêle à chacune de ses réflexions sur la poésie quelques vers de Virgile et d'Horace; et jamais on n'a fait peut-être, dans un ouvrage aussi court, un choix plus heureux et plus abondant. Ce qui frappe surtout, dans ces fragments de Virgile et d'Horace, si bien assortis à son sujet, c'est qu'ils respirent cette sensibilité qui était l'impression dominante de son âme et de toutes ses affections : c'est toujours son attrait pour les plaisirs purs et innocents de la campagne, et pour le bonheur d'une condition privée; c'est toujours la simplicité des mœurs antiques, qu'il fait contraster avec les orages des cours et le tumulte insensé des villes. On ne peut même s'empêcher de sourire de l'aimable dépit avec lequel

il dit anathème à ceux qui ne sentent point le charme de
ces vers de Virgile :

> *Fortunate senex! hic, inter flumina nota*
> *Et fontes sacros, frigus captabis opacum.*

On voit que Fénelon ne pouvait avoir bonne opinion des
cœurs froids et glacés que le spectacle de la nature,
dans sa pureté, sa fraîcheur et son innocence, laisse insensibles à ces délicieuses émotions. La complaisance avec
laquelle il cite sans cesse Virgile, annonce combien il était
pénétré de la perfection inimitable d'un auteur avec lequel il avait tant de conformité par le goût, l'âme et le
caractère (1).

Quant au genre dramatique, il ne nous semble pas avoir
été apprécié par Fénelon avec le même bonheur que les
autres genres littéraires. Ses observations ne sont pas
toujours assez profondes, et ses exclusions sont parfois
trop sévères. Il ne paraît pas avoir étudié les tragiques
et les comiques anciens avec autant de soin que les autres poëtes. Il connaît beaucoup mieux Homère, Horace
et Virgile, que Sophocle, Aristophane et Plaute ; ce qui
d'ailleurs ne doit pas surprendre dans l'auteur du *Téle-
maque*. Ses critiques sur Corneille, Racine et Molière pè-
chent aussi par un excès de sévérité. Tout en reconnais-
sant le talent de ces immortels écrivains, il fait le procès
à leur méthode et à leurs vers. Ses observations ont le mé
rite de nous révéler toutes les imperfections qu'un critique
intelligent peut découvrir dans les ouvrages les plus parfaits ; mais nous avons cru devoir les relever quelquefois, pour montrer, d'un autre côté, que les fautes des
grands hommes ont souvent aussi leurs motifs et leurs
excuses.

Ses pensées sur l'histoire sont en général plus vraies,

(1) Bausset, *Hist. de Fénelon*, t. IV, p. 270, 271, édit. de Versailles.

plus exactes et plus profondes. Nous sommes d'autant plus porté à faire l'éloge de ce morceau, que les études historiques étaient loin d'être comprises au xvıı^e siècle comme elles le sont aujourd'hui. Bossuet avait écrit son *Discours sur l'histoire universelle*, et ce sublime chef d'œuvre avait créé une science toute nouvelle. On avait pu remarquer qu'il y avait dans l'histoire autre chose que des dates et des faits, et que la vie du monde était soumise à des lois générales, dont l'étude formait à elle seule une philosophie complète. Mais le génie de Bossuet paraissait, d'autre part, un génie si puissant et si exception nel, que personne n'osait, à sa suite, se hasarder dans les hautes régions qu'il avait parcourues. Pour un grand nombre d'écrivains, l'histoire restait ce qu'elle avait toujours été, de sèches annales où l'on racontait régulièrement, année par année, les événements qui s'étaient passés. D'autres, moins sérieux, l'égayaient par des anecdotes, ou la faisaient descendre au rôle intime du *Mémoire*.

Fénelon eut le mérite immense de tracer à l'historien une autre tâche, et de lui ouvrir de nouveaux horizons. Il réduisit en théorie les principes appliqués par l'aigle de Meaux avec tant d'éclat; et il représenta l'humanité et le drame varié de son existence d'une manière si profonde et si vraie, que, malgré tous les progrès des études historiques à notre époque, nous n'aurions presque rien à ajouter à ses préceptes.

Cette lettre de Fénelon ne produisit pourtant aucun des résultats qu'il en attendait. L'Académie admira sans doute le plan qu'il lui avait tracé, mais elle le trouva trop vaste pour en essayer la réalisation. Elle acheva son Dictionnaire, mais elle ne publia ni grammaire, ni rhétorique, ni poétique. La dispute des anciens et des modernes, que le pacifique archevêque eût voulu calmer, ne fut ni moins

ardente ni moins passionnée. M. Dacier resta obstiné-
ment attaché à son sentiment, et ses adversaires ne lui
épargnèrent ni les attaques ni les injures. Mais si Fénelon
n'est pas arrivé à ses fins, son travail est resté du moins
comme un des ornements les plus beaux de notre littérature. Ses conseils ont été recueillis par tous les écrivains
qui ont vécu après lui, et ses leçons de sagesse et de goût
ont sans doute contribué à enrichir notre langue de plus
d'un chef-d'œuvre. C'est rendre à la jeunesse un éminent
service, que de mettre entre ses mains cette lettre devenue
classique; car on chercherait vainement ailleurs un ouvrage où les secrets de l'art d'écrire fussent développés
avec une grâce aussi ingénieuse, et avec une autorité
tout à la fois aussi douce et aussi persuasive.

NOTA. Les notes qui sont suivies d'un (V.) ont été em-
pruntées à l'édition de Versailles; et l'on a marqué des
initiales (A. D.) celles qui appartiennent à notre édition.

LETTRE

DE FÉNELON

SUR

LES OCCUPATIONS DE L'ACADÉMIE FRANÇAISE.

1714.

Je suis honteux, monsieur (1), de vous devoir depuis si longtemps une réponse; mais ma mauvaise santé et mes embarras continuels ont causé ce retardement. Le choix que l'Académie a fait de votre personne pour l'emploi de son secrétaire perpétuel, m'a donné une véritable joie. Ce choix est digne de la compagnie et de vous : il promet beaucoup au public pour les belles-lettres. J'avoue que la demande que vous me faites au nom d'un corps auquel je dois tant, m'embarrasse un peu; mais je vais parler au hasard, puisqu'on l'exige. Je le ferai avec une grande défiance de mes pensées, et une sincère déférence pour ceux qui daignent me consulter.

I. DU DICTIONNAIRE.

Le Dictionnaire auquel l'Académie travaille mérite sans doute qu'on l'achève. Il est vrai que l'usage, qui change souvent pour les langues vivantes, pourra changer ce que ce Dictionnaire aura décidé.

Nedum sermonum stet honos et gratia vivax.
Multa renascentur quæ jam cecidere; cadentque

(1) M. Dacier, secrétaire perpétuel de l'Académie française. (A. D.)

Quæ nunc sunt in honore vocabula . si volet usus,
Quem penes arbitrium est et jus et norma loquendi (1).

Mais ce Dictionnaire aura divers usages. Il servira aux
étrangers, qui sont curieux (2) de notre langue, et qui
lisent avec fruit les livres excellents en plusieurs genres
qui ont été faits en France. D'ailleurs les Français les plus
polis (3) peuvent avoir quelquefois besoin de recourir à
ce Dictionnaire, par rapport à des termes sur lesquels ils
doutent. Enfin, quand notre langue sera changée, il servira à faire entendre les livres dignes de la postérité qui
sont écrits en notre temps. N'est-on pas obligé d'expliquer maintenant le langage de Villehardouin et de Join-
ville? Nous serions ravis d'avoir des dictionnaires grecs
et latins faits par les anciens mêmes. La perfection des
dictionnaires est même un point où il faut avouer que les
modernes ont enchéri sur les anciens. Un jour on sentira
la commodité d'avoir un dictionnaire qui serve de clef à
tant de bons livres. Le prix de cet ouvrage ne peut manquer de croître à mesure qu'il vieillira.

II. PROJET DE GRAMMAIRE.

Il serait à désirer, ce me semble, qu'on joignît au Dictionnaire une Grammaire française: elle soulagerait beaucoup les étrangers, que nos phrases irrégulières embar-
rassent souvent. L'habitude de parler notre langue nous

---

(1) Horat., *de Arte poetica*, v. 69-72.

La gloire du langage est bien plus passagère.
Des mots presque oubliés reverront la lumière,
Et d'autres que l'on prise auront un jour leur fin :
L'usage est de la langue arbitre souverain.

DARU. (V.)

(2) La langue française était devenue européenne. On l'employait
dans les traités conclus entre les représentants des diverses nations,
et elle avait remplacé le latin, qui était auparavant la langue de la
science et des affaires. (A. D.)

(3) C'est-à-dire ceux qui parlent leur langue avec la plus grande
perfection. (A. D.)

empêche de sentir ce qui cause leur embarras. La plupart même des Français auraient quelquefois besoin de consulter cette règle : ils n'ont appris leur langue que par le seul usage, et l'usage a quelques défauts en tous lieux. Chaque province a les siens ; Paris n'en est pas exempt. La cour même se ressent un peu du langage de Paris, où les enfants de la plus haute condition sont d'ordinaire élevés. Les personnes les plus polies ont de la peine à se corriger sur certaines façons de parler qu'elles ont prises pendant leur enfance en Gascogne, en Normandie, ou à Paris même, par le commerce des domestiques.

Les Grecs et les Romains ne se contentaient pas d'avoir appris leur langue naturelle par le simple usage ; ils l'étudiaient encore dans un âge mûr par la lecture des grammairiens, pour remarquer les règles, les exceptions, les étymologies, les sens figurés, l'artifice de toute la langue, et ses variations.

Un savant grammairien court risque de composer une Grammaire trop curieuse (1) et trop remplie de préceptes. Il me semble qu'il faut se borner à une méthode courte et facile. Ne donnez d'abord que les règles les plus générales ; les exceptions viendront peu à peu. Le grand point est de mettre une personne le plus tôt qu'on peut dans l'application sensible des règles par un fréquent usage : ensuite cette personne prend plaisir à remarquer le détail des règles qu'elle a suivies d'abord sans y prendre garde.

Cette Grammaire ne pourrait pas fixer une langue vivante ; mais elle diminuerait peut-être les changements capricieux par lesquels la mode règne sur les termes comme sur les habits. Ces changements, de pure fantaisie (2), peuvent embrouiller et altérer une langue (3), au lieu de la perfectionner.

---

(1) *Trop curieuse*, c'est-à-dire qui renferme trop de questions, et qui ait la prétention fatigante de chercher à tout expliquer. (A. D.)

(2) Fénelon a raison de condamner l'abus du néologisme de fantaisie ; et cet abus est peut-être trop fréquent de nos jours. (A. D.)

(3) On ne peut trop admirer la sagesse de toutes ces règles, et l'exactitude de toutes ces appréciations. (A. D.)

III. Projet d'enrichir la langue.

Oserai-je hasarder ici, par un excès de zèle, une proposition que je soumets à une compagnie si éclairée? Notre langue manque d'un grand nombre de mots et de phrases : il me semble même qu'on l'a gênée et appauvrie depuis environ cent ans, en voulant la purifier. Il est vrai qu'elle était encore un peu informe, et trop *verbeuse* (1). Mais le vieux langage se fait regretter, quand nous le retrouvons dans Marot, dans Amyot, dans le cardinal d'Ossat, dans les ouvrages les plus enjoués et dans les plus sérieux : il avait je ne sais quoi de court, de naïf, de hardi, de vif et de passionné (2). On a retranché, si je ne me trompe, plus de mots qu'on n'en a introduit. D'ailleurs je voudrais n'en perdre aucun, et en acquérir de nouveaux (3). Je voudrais autoriser tout terme qui nous manque, et qui a un son doux, sans danger d'équivoque.

Quand on examine de près la signification des termes, on remarque qu'il n'y en a presque point qui soient entièrement synonymes entre eux. On en trouve un grand nombre qui ne peuvent désigner suffisamment un objet, à moins qu'on n'y ajoute un second mot : de là vient le fréquent usage des circonlocutions. Il faudrait abréger en donnant un terme simple et propre pour exprimer chaque objet, chaque sentiment, chaque action. Je voudrais même plusieurs synonymes (4) pour un seul objet : c'est

---

(1) Le mot était nouveau dans la langue du XVIIᵉ siècle, et Fénelon l'a imaginé pour joindre le précepte à l'exemple. Le mot était bien fait, et il a été conservé. (A. D.)

(2) Plusieurs écrivains ont partagé le sentiment de Fénelon, et ont emprunté à la langue du XVIᵉ siècle des tours nouveaux qui ont ensuite été admis par l'usage. Mais tous ces emprunts n'ont pas été faits avec le même bonheur. Généralement, ces essais ne réussissent qu'à ceux qui sont déjà très-riches par eux-mêmes. (A. D.)

(3) La richesse d'une langue n'est pas en raison du nombre de mots qu'elle possède. La multitude des mots est même une preuve de pauvreté, parce que, si on les multiplie, c'est qu'ils sont insuffisants par eux-mêmes pour rendre la pensée. (A. D.)

(4) L'harmonie serait plus facile, à la vérité ; mais la langue se

le moyen d'éviter toute équivoque, de varier les phrases et de faciliter l'harmonie, en choisissant celui de plusieurs synonymes qui sonnerait le mieux avec le reste du discours.

Les Grecs avaient fait un grand nombre de mots composés, comme *Pantocrator*, *glaucopis*, *eucnemides*, etc. Les Latins, quoique moins libres en ce genre, avaient un peu imité les Grecs : *lanifica*, *malesuada*, *pomifer*, etc. Cette composition servait à abréger, et à faciliter la magnificence des vers. De plus, ils (1) rassemblaient sans scrupule plusieurs dialectes dans le même poëme, pour rendre la versification plus variée et plus facile.

Les Latins ont enrichi leur langue des termes étrangers qui manquaient chez eux. Par exemple, ils manquaient des termes propres pour la philosophie, qui commença si tard à Rome : en apprenant le grec, ils en empruntèrent les termes pour raisonner sur les sciences (2). Cicéron, quoique très-scrupuleux sur la pureté de sa langue, emploie librement les mots grecs dont il a besoin. D'abord le mot grec ne passait que comme étranger; on demandait permission de s'en servir; puis la permission se tournait en possession et en droit.

J'entends dire que les Anglais ne se refusent aucun des mots qui leur sont commodes : ils les prennent partout où ils les trouvent chez leurs voisins. De telles usurpations sont permises. En ce genre, tout devient commun par le seul usage. Les paroles ne sont que des sons dont on fait arbitrairement les figures de nos pensées. Ces sons n'ont en eux-mêmes aucun prix. Ils sont autant au peuple qui les emprunte, qu'à celui qui les a prêtés. Qu'importe qu'un mot soit né dans notre pays, ou qu'il nous vienne d'un pays étranger? La jalousie serait puérile, quand il

trouverait surchargée, et n'aurait point la même simplicité. Il y a sous ce rapport, un excès à éviter. (A. D.)

(1) .... *Les Grecs*. Petite négligence de style. Cette phrase doit s'appliquer aux Grecs, bien que les *Latins* soient le sujet de la phrase précédente. (A. D.)

(2) Nous avons imité les Latins sous ce rapport. Peut-être même n'y avons-nous pas mis assez de discrétion. (A. D.)

ne s'agit que de la manière de mouvoir ses lèvres et de frapper l'air.

D'ailleurs nous n'avons rien à ménager sur ce faux point d'honneur. Notre langue n'est qu'un mélange de grec, de latin et de tudesque, avec quelques restes confus de gaulois. Puisque nous ne vivons que sur ces emprunts, qui sont devenus notre fonds propre, pourquoi aurions-nous une mauvaise honte sur la liberté d'emprunter, par laquelle nous pouvons achever de nous enrichir? Prenons de tous côtés tout ce qu'il nous faut pour rendre notre langue plus claire, plus précise, plus courte et plus harmonieuse; toute circonlocution affaiblit le discours.

Il est vrai qu'il faudrait que des personnes d'un goût et d'un discernement éprouvé choisissent les termes que nous devrions autoriser. Les mots latins paraîtraient les plus propres à être choisis : les sons en sont doux; ils tiennent à d'autres mots qui ont déjà pris racine dans notre fonds; l'oreille y est déjà accoutumée. Ils n'ont plus qu'un pas à faire pour entrer chez nous : il faudrait leur donner une agréable terminaison. Quand on abandonne au hasard, ou au vulgaire ignorant, ou à la mode des femmes, l'introduction des termes, il en vient plusieurs qui n'ont ni la clarté ni la douceur qu'il faudrait désirer.

J'avoue que si nous jetions à la hâte et sans choix dans notre langue un grand nombre de mots étrangers (1), nous ferions du français un amas grossier et informe des autres langues d'un génie tout différent. C'est ainsi que les aliments trop peu digérés mettent, dans la masse du sang d'un homme, des parties hétérogènes qui l'altèrent au lieu de le conserver. Mais il faut se ressouvenir que nous sortons à peine (2) d'une barbarie aussi ancienne que notre nation.

Sed in longum tamen ævum
Manserunt, hodieque manent vestigia ruris.

(1) C'est ce qu'avaient fait Ronsard et son école. Le bon sens populaire a fait justice de leurs exagération. A. D.)

(2) On ne trouvera pas que Fénelon flatte son siècle. (A. D.)

Serus enim Græcis admovit acumina chartis;
Et, post Punica bella, quietus quærere cœpit
· Quid Sophocles et Thespis et Æschylus utile ferrent (1).

On me dira peut-être que l'Académie n'a pas le pouvoir
de faire un édit avec une affiche en faveur d'un terme
nouveau; le public pourrait se révolter (2). Je n'ai pas
oublié l'exemple de Tibère, maître redoutable de la vie
des Romains; il parut ridicule en affectant de se rendre
le maître du terme de *monopolium* (3). Mais je crois que
le public ne manquerait point de complaisance pour
l'Académie, quand elle le ménagerait. Pourquoi ne vien-
drions-nous pas à bout de faire ce que les Anglais font
tous les jours ?

Un terme nous manque, nous en sentons le besoin :
choisissez un son doux et éloigné de toute équivoque, qui
s'accommode à notre langue, et qui soit commode pour
abréger le discours. Chacun en sent d'abord la commodité : quatre ou cinq personnes le hasardent modestement
en conversation familière, d'autres le répètent par le
goût de la nouveauté; le voilà à la mode. C'est ainsi qu'un
sentier qu'on ouvre dans un champ devient bientôt le
chemin le plus battu, quand l'ancien chemin se trouve
raboteux et moins court.

Il nous faudrait, outre les mots simples et nouveaux
des composés et des phrases où l'art de joindre les ter
mes qu'on n'a pas coutume de mettre ensemble fît une
nouveauté gracieuse (4).

(1) Horat., *Epist.*, lib. II, I, v. 159-165.

> Notre rusticité céda bientôt aux grâces ;
> Mais on pourrait encore en retrouver des traces ;
> Car ce ne fut qu'au temps où les Carthaginois
> Par nos armes vaincus fléchirent sous nos lois,
> Que, des écrits des Grecs admirateur tranquille,
> Le Romain lut les vers de Sophocle et d'Eschyle.
>
> DARU. (V.)

(2) On ne peut en effet créer d'autorité la moindre expression
L'Académie n'a jamais fait que modérer et diriger le mouvement
qui porte toute langue à se modifier. Quand elle a admis quelques
mots nouveaux, c'est longtemps après qu'ils ont été en usage. (A. D.)

(3) Suet., *Tiber.*, n. 71; Dion., lib. LVII. (A. D.)

(4) Le sentiment profond qu'avait Fénelon de l'imperfection de la

Dixeris egregie, notum si callida verbum
Reddiderit junctura novum (1).

C'est ainsi qu'on a dit *velivolum* (2), en un seul mot
composé de deux; et en deux mots mis l'un auprès de
l'autre, *remigium alarum* (3), *lubricus aspici* (4). Mais
il faut en ce point être sobre et précautionné, *tenuis
cautusque serendis* (5). Les nations qui vivent sous un
ciel tempéré goûtent moins que les peuples des pays
chauds les métaphores dures et hardies.

Notre langue deviendrait bientôt abondante, si les
personnes qui ont la plus grande réputation de politesse
s'appliquaient à introduire les expressions ou simples ou
figurées dont nous avons été privés jusqu'ici.

IV. Projet de Rhétorique.

Une excellente Rhétorique serait bien au-dessus d'une
grammaire et de tous les travaux bornés à perfectionner
une langue. Celui qui entreprendrait cet ouvrage y ras-
semblerait tous les plus beaux préceptes d'Aristote, de
Cicéron, de Quintilien, de Lucien, de Longin, et des autres célèbres auteurs : leurs textes, qu'il citerait, seraient
les ornements du sien. En ne prenant que la fleur de la
plus pure antiquité, il ferait un ouvrage court, exquis et
délicieux.

Je suis très-éloigné de vouloir préférer en général le
génie des anciens orateurs à celui des modernes. Je suis
très-persuadé de la vérité d'une comparaison qu'on a

langue française peut étonner ; mais il est, à notre avis, une des
plus belles preuves de la perfection de son goût et de la beauté de
son imagination. (A. D.)

(1) Horat., *de Arte poet.*, v. 47.

     Le choix du lieu, du temps, absout la hardiesse
     Pour rajeunir un mot, glissez-le avec adresse.
                 DARU. (V.)

(2) Virg., *Æneid.*, I, v. 224. (V.)
(3) *Ibid.*, lib. VI, v. 191. (V.)
(4) Horat., lib. I, od. XIX, v. 8. (V.)
(5) Horat., *de Arte poet.*, v. 45. (V.)

faite (1) : c'est que, comme les arbres ont aujourd'hui la
même forme et portent les mêmes fruits qu'ils portaient
il y a deux mille ans, les hommes produisent les mêmes
pensées. Mais il y a deux choses que je prends la liberté
de représenter. La première est que certains climats sont
plus heureux que d'autres pour certains talents, comme
pour certains fruits. Par exemple, le Languedoc et la
Provence produisent des raisins et des figues d'un meilleur goût que la Normandie et que les Pays-Bas. De même
les Arcadiens étaient d'un naturel plus propre aux beaux-
arts que les Scythes. Les Siciliens sont encore plus propres
à la musique que les Lapons. On voit même que les Athéniens avaient un esprit plus vif et plus subtil que les
Béotiens. La seconde chose que je remarque, c'est que
les Grecs avaient une espèce de longue tradition (2) qui
nous manque ; ils avaient plus de culture pour l'éloquence
que notre nation n'en peut avoir. Chez les Grecs tout
dépendait du peuple, et le peuple dépendait de la parole.
Dans leur forme de gouvernement, la fortune, la réputation, l'autorité étaient attachées à la persuasion de la
multitude ; le peuple était entraîné par les rhéteurs arti-
ficieux et véhéments ; la parole était le grand ressort en
paix et en guerre : de là viennent tant de harangues qui
sont rapportées dans les histoires, et qui nous sont presque
que incroyables (3), tant elles sont loin de nos mœurs. On
voit, dans Diodore de Sicile (4), Nicias et Gylippe qui en-
traînent tour à tour les Syracusains : l'un leur fait d'abord
accorder la vie aux prisonniers athéniens ; et l'autre, un

(1) Cette comparaison avait été faite par Perrault dans son *Parallèle des anciens et des modernes.* (A. D.)

(2) Était-ce bien l'effet de cette longue tradition dont Fénelon
parle ici un peu vaguement ? Cette tradition fut mieux établie après
Démosthène, lorsque l'éloquence devint un art ; et cependant on n'a
point vu paraître d'orateur. J'aurais mieux aimé que Fénelon parlât ici
de la liberté, ce qui serait revenu tout naturellement à ce qu'il dit
plus loin sur la forme de gouvernement. (A. D.)

(3) Cette locution a vieilli, et paraîtrait peu française à présent.
Nous dirions plutôt : *et qui sont presque incroyables pour nous.*
(A. D.)

(4) Diod. de Sic., liv. XIX. (A. D.)

moment après, les détermine à faire mourir ces mêmes prisonniers.

La parole n'a aucun pouvoir semblable chez nous; les assemblées n'y sont que des cérémonies et des spectacles. Il ne nous reste guère de monuments d'une forte éloquence, ni de nos anciens parlements, ni de nos états généraux, ni de nos assemblées de notables; tout se décide en secret dans le cabinet des princes, ou dans quelque négociation particulière (1) : ainsi notre nation n'est point excitée à faire les mêmes efforts que les Grecs pour dominer par la parole. L'usage public de l'éloquence est maintenant presque borné aux prédicateurs et aux avocats.

Nos avocats n'ont pas autant d'ardeur pour gagner le procès de la rente d'un particulier, que les rhéteurs de la Grèce avaient d'ambition pour s'emparer de l'autorité suprême dans une république. Un avocat ne perd rien, et gagne même de l'argent, en perdant la cause qu'il plaide. Est-il jeune? il se hâte de plaider avec un peu d'élégance pour acquérir quelque réputation, et sans avoir jamais étudié ni le fond des lois ni les grands modèles de l'antiquité. A-t-il quelque réputation établie? il cesse de plaider, et se borne aux consultations, où il s'enrichit. Les avocats les plus estimables sont ceux qui exposent nettement les faits, qui remontent avec précision à un principe de droit, et qui répondent aux objections suivant ce principe. Mais où sont ceux qui possèdent le grand art d'enlever la persuasion, et de remuer les cœurs de tout un peuple (2)?

Oserai-je parler avec la même liberté sur les prédicateurs? Dieu sait combien je révère les ministres de la parole de Dieu; mais je ne blesse aucun d'entre eux personnellement, en remarquant en général qu'ils ne sont

(1) Il en était ainsi sous Louis XIV; mais le gouvernement constitutionnel a fait naître et se développer l'éloquence de la tribune. (A. D.)

(2) L'éloquence du barreau n'était pour ainsi dire pas née lorsque ces lignes ont été écrites; mais depuis cette époque elle a compté de grands orateurs et produit de magnifiques chefs-d'œuvre. (A. D.)

pas tous également humbles et détachés. De jeunes gens sans réputation se hâtent de prêcher : le public s'imagine voir qu'ils cherchent moins la gloire de Dieu que la leur, et qu'ils sont plus occupés de leur fortune que du salut des âmes. Ils parlent en orateurs brillants plutôt qu'en ministres de Jésus-Christ et en dispensateurs de ses mystères (1). Ce n'est point avec cette ostentation de paroles que saint Pierre annonçait Jésus crucifié dans ces sermons qui convertissaient tant de milliers d'hommes.

Veut-on apprendre de saint Augustin les règles d'une éloquence sérieuse et efficace? Il distingue, après Cicéron, trois divers genres suivant lesquels on peut parler. Il faut, dit-il (2), parler d'une façon abaissée et familière, pour instruire, *submisse*; il faut parler d'une façon douce, gracieuse et insinuante, pour faire aimer la vérité, *temperate*; il faut parler d'une façon grande et véhémente quand on a besoin d'entraîner les hommes et de les arracher à leurs passions, *granditer* (3). Il ajoute qu'on ne doit user des expressions qui plaisent, qu'à cause qu'il y a peu d'hommes assez raisonnables pour goûter une vérité qui est sèche et nue dans un discours. Pour le genre sublime et véhément, il ne veut point qu'il soit fleuri : « Non « tam verborum ornatibus comptum est, quam violentum « animi affectibus... Fertur quippe impetu suo, et elocu-« tionis pulchritudinem, si occurrerit, vi rerum rapit, « non cura decoris assumit (4). » « Un homme, dit encore ce

---

(1) Fénelon relève ici des défauts et des vices qui devinrent bien plus sensibles encore au XVIIIᵉ siècle. Les orateurs sacrés ne furent trop souvent que des rhéteurs, et leur parole fardée ne fut peut-être pas moins nuisible à la foi que les sarcasmes des philosophes. (A. D.)

(2) *De Doct. christ.*, lib. IV, n. 34, 38, tom. III, pag. 78, 79. (V.)

(3) Instruire, plaire et toucher, tels sont, en effet, les trois grands devoirs de l'orateur. (A. D.)

(4) *De Doct. christ.*, lib. IV, n. 42, p. 81. (V.)

Il est moins paré du charme des expressions, que véhément par les mouvements de l'âme... car sa propre force l'entraîne; et si l'élégance du langage s'offre à lui, il la saisit par la grandeur du sujet, sans se mettre en peine de l'ornement. (V.)

« Père (1), qui combat très-courageusement avec une épée
« enrichie d'or et de pierreries, se sert de ces armes parce
« qu'elles sont propres au combat, sans penser à leur
« prix. » Il ajoute que Dieu avait permis que saint Cyprien
eût mis des ornements affectés dans sa lettre à Donat,
« afin que la postérité pût voir combien la pureté de la
« doctrine chrétienne l'avait corrigé de cet excès, et l'a-
« vait ramené à une éloquence plus grave et plus mo-
« deste (2). » Mais rien n'est plus touchant que les deux
histoires que saint Augustin nous raconte, pour nous
instruire de la manière de prêcher avec fruit.

Dans la première occasion il n'était encore que prêtre.
Le saint évêque Valère le faisait parler pour corriger le
peuple d'Hippone de l'abus des festins trop libres dans les
solennités (3). Il prit en main le livre des Écritures ; il y
lut les reproches les plus véhéments. Il conjura ses auditeurs, par les opprobres, par les douleurs de Jésus-
Christ, par sa croix, par son sang, de ne se perdre point
eux-mêmes, d'avoir pitié de celui qui leur parlait avec
tant d'affection, et de se souvenir du vénérable vieillard
Valère, qui l'avait chargé, par tendresse pour eux, de
leur annoncer la vérité. « Ce ne fut point, dit-il, en pleu-
« rant sur eux que je les fis pleurer ; mais, pendant que
« je parlais, leurs larmes prévinrent les miennes. J'avoue
« que je ne pus point alors me retenir. Après que nous
« eûmes pleuré ensemble, je commençai à espérer for-
« tement leur correction. » Dans la suite, il abandonna
le discours qu'il avait préparé, parce qu'il ne lui paraissait plus convenable à la disposition des esprits. Enfin il
eut la consolation de voir ce peuple docile et corrigé dès
ce jour-là.

Voici l'autre occasion où ce Père enleva les cœurs.
Écoutons ses paroles (4) : « Il faut bien se garder de croire
« qu'un homme a parlé d'une façon grande et sublime,

(1) *De Doct. christ.*, lib IV, n. 42, p. 82. (V.)
(2) *Ibid.*, n. 31. (V.)
(3) Epist, XXIX, *ad Alip*. (V.)
(4) *De Doct. christ.*, lib. IV, n. 53. (V.)

« quand on lui a donné de fréquentes acclamations et de
« grands applaudissements. Les jeux d'esprit du plus bas
« genre, et les ornements du genre tempéré, attirent de
« tels succès : mais le genre sublime accable souvent par
« son poids, et ôte même la parole; il réduit aux larmes.
« Pendant que je tâchais de persuader au peuple de Cé-
« sarée, en Mauritanie, qu'il devait abolir un combat
« des citoyens..., où les parents, les frères, les pères et
« les enfants, divisés en deux partis, combattaient en
« public pendant plusieurs jours de suite, en un certain
« temps de l'année, et où chacun s'efforçait de tuer celui
« qu'il attaquait ; je me servis, selon toute l'étendue de
« mes forces, des plus grandes expressions, pour déra-
« ciner des cœurs et des mœurs de ce peuple une cou-
« tume si cruelle et si invétérée. Je ne crus néanmoins
« avoir rien gagné, pendant que je n'entendis que leurs
« acclamations : mais j'espérai quand je les vis pleurer. Les
« acclamations montraient que je les avais instruits, et
« que mon discours leur faisait plaisir ; mais leurs larmes
« marquèrent qu'ils étaient changés. Quand je les vis
« couler, je crus que cette horrible coutume, qu'ils
« avaient reçue de leurs ancêtres, et qui les tyrannisait
« depuis si longtemps, serait abolie... Il y a déjà environ
« huit ans, ou même plus, que ce peuple, par la grâce
« de Jésus-Christ, n'a entrepris rien de semblable. »

Si saint Augustin eût affaibli son discours par les ornements affectés du genre fleuri (1), il ne serait jamais
parvenu à corriger les peuples d'Hippone et de Césarée.

Démosthène a suivi cette règle de la véritable éloquence. « O Athéniens ! disait-il (2), ne croyez pas que
« Philippe soit comme une divinité à laquelle la fortune
« soit attachée. Parmi les hommes qui paraissent dévoués
« à ses intérêts, il y en a qui le haïssent, qui le craignent,
« qui en sont envieux... Mais toutes ces choses demeurent
« comme ensevelies par votre lenteur et votre négli-

---

(1) Cette épithète a été consacrée pour caractériser tout style
lui, comme les fleurs, a plus d'éclat que de solidité. (A. D.)
(2) 1re Philippique. (V.)

« gence... Voyez, ô Athéniens, en quel état vous êtes
réduits ! ce méchant homme est parvenu jusqu'au point
« de ne vous laisser plus le choix entre la vigilance et
« l'inaction. Il vous menace ; il parle, dit-on, avec arro-
« gance ; il ne peut plus se contenter de ce qu'il a conquis
« sur vous ; il étend de plus en plus chaque jour ses
« projets pour vous subjuguer ; il vous tend des piéges
« de tous les côtés, pendant que vous êtes sans cesse en
« arrière et sans mouvement. Quand est-ce donc, ô Athé-
« niens, que vous ferez ce qu'il faut faire ? Quand est-ce
« que nous verrons quelque chose de vous ? Quand est-ce
« que la nécessité vous y déterminera ? Mais que faut-il
« croire de ce qui se fait actuellement ? Ma pensée est
« qu'il n'y a, pour des hommes libres, aucune plus pres-
« sante nécessité que celle qui résulte de la honte d'avoir
« mal conduit ses propres affaires. Voulez-vous achever de
« perdre votre temps ? Chacun ira-t-il encore çà et là dans
« la place publique, faisant cette question : *N'y a-t-il*
« *aucune nouvelle?* Eh ! que peut-il y avoir de plus nou-
« veau que de voir un homme de Macédoine qui dompte
« les Athéniens et qui gouverne toute la Grèce ? Philippe
« est mort, dit quelqu'un. Non, dit un autre, il n'est que
« malade. Eh ! que vous importe, puisque, s'il n'était plus,
« vous vous feriez bientôt un autre Philippe ? »

Voilà le bon sens qui parle, sans autre ornement que
sa force. Il rend la vérité sensible à tout le peuple ; il le
réveille, il le pique, il lui montre l'abîme ouvert. Tout
est dit pour le salut commun ; aucun mot n'est pour
l'orateur. Tout instruit et touche ; rien ne brille.

Il est vrai que les Romains suivirent assez tard l'exemple des Grecs pour cultiver les belles-lettres :

> Graiis ingenium, Graiis dedit ore rotundo
> Musa loqui, præter laudem nullius avaris.
> Romani pueri longis rationibus assem (1), etc.

(1) **Horat.**, *de Arte poet.*, v. 325-328.

> Les Grecs avaient reçu de la faveur des cieux
> Le flambeau du génie et la langue des dieux.
> Ce peuple aime la gloire, et l'aime avec ivresse.

Les Romains étaient occupés des lois, de la guerre, de l'agriculture et du commerce d'argent. C'est ce qui faisait dire à Virgile :

Excudent alii spirantia mollius æra, etc.
. . . .
Tu regere imperio populos, Romane, memento (1).

Salluste fait un beau portrait des mœurs de l'ancienne Rome, en avouant qu'elle négligeait les lettres : « Pru- « dentissimus quisque negotiosus maxime erat. Ingenium « nemo sine corpore exercebat. Optimus quisque facere « quam dicere, sua ab aliis benefacta laudari quam ipse « aliorum narrare malebat (2). » Il faut néanmoins avouer, suivant le rapport de Tite-Live, que l'éloquence nerveuse et populaire était déjà bien cultivée à Rome dès le temps de Manlius (3). Cet homme, qui avait sauvé le Capitole contre les Gaulois, voulait soulever le peuple contre le gouvernement : « Quousque tandem, dit-il, ignorabitis vires « vestras, quas natura ne belluas quidem ignorare voluit? « Numerate saltem quot ipsi sitis... Tamen acrius crede- « rem vos pro libertate quam illos pro dominatione cer- « taturos... Quousque me circumspectabitis? Ego quidem

Mais Rome aux vils calculs élève sa jeunesse.
                              DARU. (V.)

(1) *Æneid.*, lib. VI, v. 848-852.

D'autres avec plus d'art, ou d'une habile main,
Feront vivre le marbre et respirer l'airain...
Toi, Romain, souviens-toi de régir l'univers.
                              DELILLE. (V.)

(2) *Bell. Catil.*, n. 8.

Chez les Romains, les plus habiles étaient les plus occupés : on ne séparait point les exercices de l'esprit de ceux du corps. Plus jaloux de bien agir que de bien parler, tout homme de mérite aimait mieux faire des actions qu'on pût louer, que de raconter celles des autres. (DOTTEVILLE.) (V.)

(3) En considérant les discours qu'on trouve dans Tite-Live comme l'œuvre des personnages qu'il met en scène, on pourrait dire que, de tout temps, il y eut à Rome de grands orateurs. Mais nous ne devons pas nous étonner de la confiance naïve de Fénelon, qui suppose que ces discours sont fidèles, puisque tous les hommes les plus illustres de son siècle ont partagé à peu près sans restriction cette opinion. (A. D.)

2

« nulli vestrum deero (1), etc. » Ce puissant orateur en-
levait tout le peuple pour se procurer l'impunité, en
tendant les mains vers le Capitole qu'il avait sauvé autrefois. On ne put obtenir sa mort de la multitude qu'en le
menant dans un bois sacré, d'où il ne pouvait plus montrer le Capitole aux citoyens. « Apparuit tribunis, dit
« Tite-Live, nisi oculos quoque hominum liberassent ab
« tanti memoria decoris, nunquam fore, in præoccupatis
« beneficio animis, vero crimini locum... ibi crimen va-
« luit (2), etc. » Chacun sait combien l'éloquence des Grac-
ques causa de troubles. Celle de Catilina mit la république
dans le plus grand péril. Mais cette éloquence ne tendait
qu'à persuader, et à émouvoir les passions : le bel-esprit
n'y était d'aucun usage. Un déclamateur fleuri n'aurait eu
aucune force dans les affaires.

Rien n'est plus simple que Brutus quand il se rend
supérieur à Cicéron, jusqu'à le reprendre et à le confon
dre : « Vous demandez, lui dit-il (3), la vie à Octave :
« quelle mort serait aussi funeste? Vous montrez, par
« cette demande, que la tyrannie n'est pas détruite, et
« qu'on n'a fait que changer de tyran. Reconnaissez vos
« paroles. Niez, si vous l'osez, que cette prière ne convient
« qu'à un roi, à qui elle est faite par un homme réduit à la
« servitude. Vous dites que vous ne lui demandez qu'une

(1) Tit.-Liv., *Hist.*, lib. VI, cap. xviii.
Jusques à quand méconnaîtrez-vous donc votre force, tandis que
la brute a l'instinct de la sienne? Ne pouvez-vous du moins sup-
puter votre nombre?... Je me persuaderais que, combattant pour,
votre liberté, vous y mettriez un peu plus de courage que ceux qui
ne combattent que pour leur tyrannie... Ne compterez-vous jamais
que sur moi seul? Assurément je ne manquerai jamais à pas un de
vous. (Dureau de la Malle.) (V.)

(2) *Hist.*, lib. VI, cap. xx.
Les tribuns virent clairement que tant que les yeux des Romains
seraient captivés par la vue d'un monument qui retraçait des sou-
venirs si glorieux pour Manlius, la préoccupation d'un si grand
bienfait prévaudrait toujours contre la conviction de son crime. .
Alors les inculpations restèrent dans toute leur force, etc.
(Dureau de la Malle.) (.)

(3) Apud Cicer., *Epist. ad Brutum, epist.* xvi. (V.)

« seule grâce; savoir, qu'il veuille bien sauver la vie des
« citoyens qui ont l'estime des honnêtes gens et de tout le
« peuple romain. Quoi donc! à moins qu'il ne le veuille,
« nous ne serons plus? Mais il vaut mieux n'être plus que
« d'être par lui. Non, je ne crois point que tous les dieux
« soient déclarés contre le salut de Rome, jusqu'au point
« de vouloir qu'on demande à Octave la vie d'aucun ci-
« toyen, encore moins celle des libérateurs de l'univers...
« O Cicéron! vous avouez qu'Octave a un tel pouvoir, et
« vous êtes de ses amis! Mais si vous m'aimez, pouvez-
« vous désirer de me voir à Rome, lorsqu'il faudrait me
« recommander à cet enfant, afin que j'eusse la permission
« d'y aller? Quel est donc celui que vous remerciez de ce
« qu'il souffre que je vive encore? Faut-il regarder comme
« un bonheur de ce qu'on demande cette grâce à Octave
« plutôt qu'à Antoine?... C'est cette faiblesse et ce déses-
« poir, que les autres ont à se reprocher comme vous, qui
« ont inspiré à César l'ambition de se faire roi... Si nous
« nous souvenions que nous sommes Romains... ils n'au-
« raient pas eu plus d'audace pour envahir la tyrannie,
« que nous de courage pour la repousser... O vengeur de
« tant de crimes, je crains que vous n'ayez fait que retar-
« der un peu notre chute! Comment pouvez-vous voir
« ce que vous avez fait? etc. »

Combien ce discours serait-il énervé, indécent (1) et
avili, si on y mettait des pointes et des jeux d'esprit?
Faut-il que les hommes chargés de parler en apôtres re-
cueillent avec tant d'affectation les fleurs que Démosthène,
Manlius et Brutus ont foulées aux pieds? Faut-il croire
que les ministres évangéliques sont moins sérieusement
touchés du salut éternel des peuples, que Démosthène ne
l'était de la liberté de sa patrie, que Manlius n'avait
d'ambition pour séduire la multitude, que Brutus n'a-
vait de courage pour aimer mieux la mort qu'une vie
due au tyran?

---

(1) Ce dernier mot est employé ici dans le sens du mot latin *inde-
cens* (*non convenable*). (A. D.)

J'avoue que le genre fleuri a ses grâces ; mais elles sont déplacées dans les discours où il ne s'agit point d'un jeu d'esprit plein de délicatesse, et où les grandes passions doivent parler. Le genre fleuri n'atteint jamais au sublime. Qu'est-ce que les anciens auraient dit d'une tragédie où Hécube aurait déploré ses malheurs par des pointes ? La vraie douleur ne parle point ainsi (1). Que pourrait-on croire d'un prédicateur qui viendrait montrer aux pécheurs le jugement de Dieu pendant sur leur tête, et l'enfer ouvert sous leurs pieds, avec les jeux de mots les plus affectés ?

Il y a une bienséance à garder pour les paroles comme pour les habits. Une veuve désolée ne porte point le deuil avec beaucoup de broderie, de frisure et de rubans. Un missionnaire apostolique ne doit point faire de la parole de Dieu une parole vaine et pleine d'ornements affectés. Les païens mêmes auraient été indignés de voir une comédie si mal jouée :

> Et ridentibus arrident, ita fientibus adflent
> Humani vultus. Si vis me flere, dolendum est
> Primum ipsi tibi ; tunc tua me infortunia lædent.
> Telephe, vel Peleu, male si mandata loqueris
> Aut dormitabo, aut ridebo. Tristia mœstum
> Vultum verba decent (2).

(1) Horace a dit :

> Et tragicus plerumque dolet sermone pedestri
> Telephus et Peleus : quum pauper et exul uterque,
> Projicit ampullas et sesquipedalia verba,
> Si curat cor spectantis tetigisse querela.
>
>   *De Arte poetica*, 95-98. (V.)

(2) Horat., *de Arte poet.*, v. 101-106.

> On rit avec les fous ; près des infortunés
> On pleure ; tant l'exemple a de force et de charmes !
> Pleurez, si vous voulez faire couler mes larmes,
> Acteurs qui retracez des héros malheureux,
> Je ris ou je m'endors au milieu de vos jeux,
> Si le style contraste avec le personnage :
> Le style doit changer ainsi que le visage.
> Le chagrin paraît-il sur le front de l'acteur ?
> Il faut que son discours respire la douleur.
>
>   DARU. (V.)

Il ne faut pas faire à l'éloquence le tort de penser qu'elle n'est qu'un art frivole, dont un déclamateur se sert pour imposer à la faible imagination de la multitude, et pour trafiquer de la parole : c'est un art très-sérieux, qui est destiné à instruire, à réprimer les passions, à corriger les mœurs, à soutenir les lois, à diriger les délibérations publiques, à rendre les hommes bons et heureux. Plus un déclamateur ferait d'efforts pour m'éblouir par les prestiges de son discours, plus je me révolterais contre sa vanité : son empressement pour faire admirer son esprit me paraîtrait le rendre indigne de toute admiration. Je cherche un homme sérieux, qui me parle pour moi, et non pour lui ; qui veuille mon salut, et non sa vaine gloire. L'homme digne d'être écouté est celui qui ne se sert de la parole que pour la pensée, et de la pensée que pour la vérité et la vertu (1). Rien n'est plus méprisable qu'un parleur de métier, qui fait de ses paroles ce qu'un charlatan fait de ses remèdes.

Je prends pour juges de cette question les païens mêmes. Platon ne permet, dans sa république (2), aucune musique avec les tons efféminés des Lydiens ; les Lacédémoniens excluaient de la leur tous les instruments trop composés qui pouvaient amollir les cœurs. L'harmonie qui ne va qu'à flatter l'oreille n'est qu'un amusement de gens faibles et oisifs, elle est indigne d'une république bien policée : elle n'est bonne qu'autant que les sons y conviennent au sens des paroles, et que les paroles y inspirent des sentiments vertueux. La peinture, la sculpture et les autres beaux-arts doivent avoir le même but. L'éloquence doit, sans doute, entrer dans le même dessein ; le plaisir n'y doit être mêlé que pour faire le contre-poids des mauvaises passions, et pour rendre la vertu aimable.

Je voudrais qu'un orateur se préparât longtemps en général pour acquérir un fonds de connaissances (3), et

---

(1) Cette phrase admirable, qu'on trouve partout citée, résume tous les devoirs de l'orateur comme homme et comme écrivain. (A. D.)

(2) Rép., liv. III. (A. D.)

(3) C'est en effet ce qu'il y a d'essentiel pour être véritablement éloquent. (A. D.)

pour se rendre capable de faire de bons ouvrages. Je voudrais que cette préparation générale le mît en état de se préparer moins pour chaque discours particulier. Je voudrais qu'il fût naturellement très-sensé, et qu'il ramenât tout au bon sens ; qu'il fît de solides études ; qu'il s'exerçât à raisonner avec justesse et exactitude, se défiant (1) de toute subtilité. Je voudrais qu'il se défiât de son imagination, pour ne se laisser jamais dominer par elle, et qu'il fondât chaque discours sur un principe indubitable, dont il tirerait les conséquences naturelles.

> Scribendi recte sapere est et principium et fons.
> Rem tibi Socraticæ poterunt ostendere chartæ:
> Verbaque provisam rem non invita sequentur.
> Qui didicit patriæ quid debeat, et quid amicis (2), etc.

D'ordinaire, un déclamateur fleuri ne connaît point les principes d'une saine philosophie, ni ceux de la doctrine évangélique, pour perfectionner les mœurs. Il ne veut que des phrases brillantes et que des tours ingénieux. Ce qui lui manque le plus est le fond des choses ; il sait parler avec grâce, sans savoir ce qu'il faut dire ; il énerve les plus grandes vérités par un tour vain et trop orné.

Au contraire, le véritable orateur n'orne son discours que de vérités lumineuses, que de sentiments nobles, que d'expressions fortes, et proportionnées à ce qu'il tâche d'inspirer ; il pense, il sent, et la parole suit (3). « Il ne

---

(1) *Se défiant...* et, à la ligne suivante, *qu'il se défiât :* légère négligence de style. (A. D.)

(2) Horat., *de Arte poet.*, v. 309-312.

> Le bon sens, des beaux vers est la source première.
> Poètes, de Socrate apprenez à penser :
> Vous parviendrez sans peine à vous bien énoncer
> L'écrivain qui connaît les sentiments d'un frère,
> Les droits de l'amitié, la tendresse d'un père, etc
>   DARU. (V.)

(3) Boileau a dit aussi, d'après Horace :

> Selon que notre idée est plus ou moins obscure,
> L'expression la suit, ou moins nette, ou plus pure.
> Ce que l'on conçoit bien s'énonce clairement,
> Et les mots, pour le dire, arrivent aisément.
>   *Art poétique*, ch. I, v. 151-4. (V.)

« dépend point des paroles, dit saint Augustin (1), mais
« les paroles dépendent de lui. » Un homme qui a l'âme
forte et grande, avec quelque facilité naturelle de parler
et un grand exercice, ne doit jamais craindre que les termes lui manquent; ses moindres discours auront des traits
originaux, que les déclamateurs fleuris ne pourront jamais imiter. Il n'est point esclave des mots, il va droit à
la vérité, il sait que la passion est comme l'âme de la parole. Il remonte d'abord au premier principe sur la matière
qu'il veut débrouiller; il met ce principe dans son premier
point de vue; il le tourne et le retourne, pour y accoutu-
mer ses auditeurs les moins pénétrants; il descend jusqu'aux dernières conséquences par un enchaînement court
et sensible. Chaque vérité est mise en sa place par rapport
au tout : elle prépare, elle amène, elle appuie une autre
vérité qui a besoin de son secours. Cet arrangement sert à
éviter les répétitions qu'on peut épargner au lecteur; mais
il ne retranche aucune des répétitions par lesquelles il est
essentiel de ramener souvent l'auditeur au point qui décide lui seul de tout.

Il faut lui montrer souvent la conclusion dans le principe (2). De ce principe, comme du centre, se répand la
lumière sur toutes les parties de cet ouvrage; de même
qu'un peintre place dans son tableau le jour, en sorte que
d'un seul endroit il distribue à chaque objet son degré
de lumière. Tout le discours est un; il se réduit à une
seule proposition, mise au plus grand jour par des tours
variés. Cette unité de dessein fait qu'on voit d'un seul
coup d'œil l'ouvrage entier, comme on voit, de la place
publique d'une ville, toutes les rues et toutes les portes,
quand toutes les rues sont droites, égales, et en symétrie.
Le discours est la proposition développée; la proposition
est le discours en abrégé.

(1) *De Doct. christ.*, lib. IV, n. 61. (V.)
(2) Ces préceptes sont surtout applicables à l'éloquence de la
chaire. (A. D.)

Denique sit quodvis, simplex duntaxat et unum (1).

Quiconque ne sent pas la beauté et la force de cette unité et de cet ordre, n'a encore rien vu au grand jour; il n'a vu que des ombres dans la caverne de Platon (2). Que dirait-on d'un architecte qui ne sentirait aucune différence entre un grand palais dont tous les bâtiments seraient proportionnés pour former un tout dans le même dessein, et un amas confus de petits édifices qui ne feraient point un vrai tout, quoiqu'ils fussent les uns auprès des autres? Quelle comparaison entre le Colisée (3) et une multitude confuse de maisons irrégulières d'une ville? Un ouvrage n'a une véritable unité que quand on ne peut rien en ôter sans couper dans le vif.

Il n'a un véritable ordre que quand on ne peut en déplacer aucune partie sans affaiblir, sans obscurcir, sans déranger le tout. C'est ce qu'Horace explique parfaitement:

> . . . . Nec lucidus ordo.
> Ordinis hæc virtus erit et venus, aut ego fallor,
> Ut jam nunc dicat, jam nunc debentia dici,
> Pleraque differat, et præsens in tempus omittat (4).

Tout auteur qui ne donne point cet ordre à son discours ne possède pas assez sa matière; il n'a qu'un goût imparfait et qu'un demi-génie. L'ordre est ce qu'il y a de plus

----

(1) Horat., *de Arte poet.*, v. 23.

Il faut que tout ouvrage, à l'unité fidèle,
De la simplicité nous offre le modèle.

DARU. (V.)

(2) Allusion à une comparaison pleine de justesse dont Platon se sert dans sa *République*, pour représenter l'état de notre intelligence par rapport à la vérité. (A. D.)

(5) *Le Colysée...* (*il Colosseo*), amphithéâtre bâti par Vespasien, et aujourd'hui en ruines. Il contenait cent mille spectateurs, dont quatre-vingt-dix mille étaient assis. (A. D.)

(4) Horat., *de Arte poet.*, v. 41-44.

Choisit-on bien? on trouve avec facilité
L'expression heureuse, et l'ordre, et la clarté
L'ordre, à mes yeux, Pisons, est lui-même une grâce;
L'esprit judicieux veut tout voir à sa place.

DARU. (V.)

rare dans les opérations de l'esprit : quand l'ordre, la justesse, la force et la véhémence se trouvent réunis, le discours est parfait. Mais il faut avoir tout vu, tout pénétré
et tout embrassé, pour savoir la place précise de chaque
mot : c'est ce qu'un déclamateur, livré à son imagination
et sans science, ne peut discerner.

Isocrate est doux (1), insinuant, plein d'élégance ; mais
peut-on le comparer à Homère ? Allons plus loin : je ne
crains pas de dire que Démosthène me paraît supérieur à
Cicéron (2). Je proteste que personne n'admire Cicéron
plus que je fais : il embellit tout ce qu'il touche, il fait
honneur à la parole, il fait des mots ce qu'un autre n'en
saurait faire ; il a je ne sais combien de sortes d'esprit ; il
est même court et véhément, toutes les fois qu'il veut
l'être, contre Catilina, contre Verrès, contre Antoine.
Mais on remarque quelque parure dans son discours : l'art
y est merveilleux, mais on l'entrevoit : l'orateur, en pensant au salut de la république, ne s'oublie pas et ne se
laisse pas oublier. Démosthène paraît sortir de soi (3), et
ne voir que la patrie. Il ne cherche point le beau, il le
fait sans y penser ; il est au-dessus de l'admiration. Il se
sert de la parole comme un homme modeste de son habit
pour se couvrir. Il tonne, il foudroie ; c'est un torrent qui
entraîne tout. On ne peut le critiquer, parce qu'on est
saisi ; on pense aux choses qu'il dit, et non à ses paroles.
On le perd de vue ; on n'est occupé que de Philippe, qui
envahit tout. Je suis charmé de ces deux orateurs ; mais
j'avoue que je suis moins touché de l'art infini et de la
magnifique éloquence de Cicéron, que de la rapide simplicité de Démosthène (4).

(1) Isocrate faisait de l'éloquence un art, et il perfectionnait sa
phrase avec une incroyable patience. Son *Panégyrique d'Athènes*
lui coûta dix années de travail. (A. D.)

(2) Tout ce morceau est fort remarquable ; les élèves y trouveront
l'appréciation la plus juste des deux plus grands orateurs de l'anti-
quite. (A. D.)

(3) Aujourd'hui il faudrait nécessairement *de lui*. (A. D.)

(4) Voir dans les *Dialog. des Morts* ceux où Fénelon met en scène
ces deux grands orateurs. Dial. XXXI, XXXII et XXXIII. (A. D.)

L'art se décrédite lui-même ; il se trahit en se montrant. « Isocrate, dit Longin (1), est tombé dans une faute de petit « écolier... Et voici par où il débute : « Puisque le discours a « naturellement la vertu de rendre les choses grandes pe- « tites, et les petites grandes ; qu'il sait donner les grâces « de la nouveauté aux choses les plus vieilles, et qu'il fait « paraître vieilles celles qui sont nouvellement faites... (2).» « Est-ce ainsi, dira quelqu'un, ô Isocrate, que vous allez « changer toutes choses à l'égard des Lacédémoniens et des « Athéniens ? En faisant de cette sorte l'éloge du discours, « il fait proprement un exorde pour avertir ses auditeurs « de ne rien croire de ce qu'il va dire. » En effet, c'est déclarer au monde que les orateurs ne sont que des so- phistes, tels que le Gorgias de Platon (3) et que les autres rhéteurs de la Grèce, qui abusaient de la parole pour im- poser au peuple.

Si l'éloquence demande que l'orateur soit homme de bien, et cru tel, pour toutes les affaires les plus profanes, à combien plus forte raison doit-on croire ces paroles de saint Augustin sur les hommes qui ne doivent parler qu'en apôtres ! « Celui-là parle avec sublimité, dont la vie « ne peut être exposée à aucun mépris. » Que peut-on es- pérer des discours d'un jeune homme sans fonds d'étude, sans expérience, sans réputation acquise, qui se joue de la parole, et qui veut peut-être faire fortune dans le minis- tère, où il s'agit d'être pauvre avec Jésus-Christ, de porter la croix avec lui en se renonçant, et de vaincre les pas- sions des hommes pour les convertir ?

Je ne puis me résoudre à finir cet article sans dire un mot de l'éloquence des Pères. Certaines personnes éclai- rées ne leur font pas une exacte justice (4). On en juge

(1) *Du Subl.*, ch. XXXI. (V.)
(2) Isocrate commence ainsi son *Panégyrique d'Athènes*. (A. D.)
(3) Gorgias de Léontium fut le sophiste le plus célèbre de la Grèce. Il se vantait de soutenir le *pour* et le *contre* avec la même facilité sur toute espèce de sujets. Il eut de nombreux disciples. Platon at- taque cette école dans un dialogue, dont Gorgias est le principal personnage. (A. D.)
(4) La *renaissance*, en mettant en honneur les grands écrivains

par quelque métaphore dure de Tertullien, par quelque
période enflée de saint Cyprien, par quelque endroit
obscur de saint Ambroise, par quelque antithèse subtile
et rimée de saint Augustin, par quelques jeux de mots
de saint Pierre Chrysologue. Mais il faut avoir égard au
goût dépravé des temps où les Pères ont vécu. Le
goût commençait à se gâter à Rome peu de temps après
celui d'Auguste. Juvénal a moins de délicatesse qu'Horace; Sénèque le tragique et Lucain ont une enflure cho-
quante. Rome tombait, les études d'Athènes même
étaient déchues, quand saint Basile et Saint Grégoire de
Nazianze y allèrent. Les raffinements d'esprit avaient prévalu. Les Pères, instruits par les mauvais rhéteurs de leurs
temps, étaient entraînés dans le préjugé universel : c'est
à quoi les sages mêmes ne résistent presque jamais. On
ne croyait pas qu'il fût permis de parler d'une façon simple et naturelle. Le monde était, pour la parole, dans l'état
où il serait pour les habits, si personne n'osait paraître
vêtu d'une belle étoffe sans la charger de la plus épaisse
broderie. Suivant cette mode, il ne fallait point parler, il
fallait déclamer. Mais si on veut avoir la patience d'exa-
miner les écrits des Pères, on y verra des choses d'un
grand prix. Saint Cyprien a une magnanimité et une véhémence qui ressemble à celle de Démosthène. On trouve
dans saint Chrysostome un jugement exquis, des images
nobles, une morale sensible et aimable. Saint Augustin
est tout ensemble sublime et populaire; il remonte aux
plus hauts principes par les tours les plus familiers; il in-
terroge, il se fait interroger, il répond ; c'est une conversation entre lui et son auditeur ; les comparaisons viennent à
propos dissiper tous les doutes: nous l'avons vu descendre
jusqu'aux dernières grossièretés de la populace pour la
redresser (1). Saint Bernard a été un prodige dans un siè-

de la Grèce et de Rome, avait trop discrédité les Pères de l'Eglise.
On aime à voir s'élever contre ces jugements exclusifs Fénelon
lui-même, qui avait pour la patrie d'Homère et de Démosthène
l'admiration la plus profonde. (A. D.)
   (1) Quand on parle de saint Augustin comme orateur, on est gé-

cle barbare : on trouve en lui de la délicatesse, de l'élévation, du tour, de la tendresse et de la véhémence. On
est étonné de tout ce qu'il y a de beau et de grand dans
les Pères, quand on connaît les siècles où ils ont écrit.
On pardonne à Montaigne des expressions gasconnes, et
à Marot un vieux langage (1) : pourquoi ne veut-on pas
passer aux Pères l'enflure de leur temps, avec laquelle
on trouverait des vérités précieuses et exprimées par les
traits les plus forts ?

Mais il ne m'appartient pas de faire ici l'ouvrage qui est
réservé à quelque savante main ; il me suffit de proposer
en gros ce qu'on peut attendre de l'auteur d'une excellente Rhétorique. Il peut embellir son ouvrage en imitant
Cicéron par le mélange des exemples (2) avec les préceptes. « Les hommes qui ont un génie pénétrant et rapide,
« dit saint Augustin (3), profitent plus facilement dans
« l'éloquence en lisant les discours des hommes éloquents,
« qu'en étudiant les préceptes mêmes de l'art. » On pourrait faire une agréable peinture des divers caractères des
orateurs, de leurs mœurs, de leurs goûts et de leurs maxi-
mes. Il faudrait même les comparer ensemble (4), pour
donner au lecteur de quoi juger du degré d'excellence de
chacun d'entre eux.

néralement beaucoup plus sévère que Fénelon. A notre avis, c'est à
tort. Car, en se plaçant au point de vue de l'archevêque de Cambrai,
on s'explique ce qu'on reproche à saint Augustin comme des défauts, et on lui pardonne ses répétitions et ses termes grossiers, parce
qu'on en trouve le motif dans le caractère et les dispositions de son
auditoire. (A. D.)

(1) Boileau a dit avec raison :

Imitons de Marot l'élégant badinage. (A. D.)

(2) On peut même dire que les préceptes ne sont rien sans l'étude
des modèles. (A. D.)

(3) *De Doct. christ.*, lib. IV, n. 14. (V.)

(4) Rien n'est, en effet, plus avantageux que ces exercices de littérature comparée. Généralement, dans les classes ils sont trop négligés. (A. D.)

V. Projet de Poétique.

Une poétique ne me paraîtrait pas moins à désirer qu'une
Rhétorique. La poésie est plus sérieuse et plus utile que
le vulgaire ne le croit. La religion a consacré la poésie à
son usage, dès l'origine du genre humain. Avant que les
hommes eussent un texte d'écriture divine, les sacrés
cantiques qu'ils savaient par cœur conservaient la mémoire de l'origine du monde, et la tradition des merveilles de Dieu. Rien n'égale la magnificence et le transport
des cantiques de Moïse; le livre de Job est un poëme
plein des figures les plus hardies et les plus majestueuses;
le Cantique des Cantiques exprime avec grâce et tendresse
l'union mystérieuse de Dieu époux avec l'âme de l'homme, qui devient son épouse; les Psaumes seront l'admiration et la consolation de tous les siècles et de tous les
peuples où le vrai Dieu sera connu et senti. Toute l'Écriture est pleine de poésie, dans les endroits mêmes où l'on
ne trouve aucune trace de versification.

D'ailleurs la poésie a donné au monde les premières
lois : c'est elle qui a adouci les hommes farouches et sauvages, qui les a rassemblés des forêts où ils étaient épars
et errants, qui les a policés, qui a réglé les mœurs, qui a
formé les familles et les nations, qui a fait sentir les dou-
ceurs de la société (1), qui a rappelé l'usage de la raison,
cultivé la vertu, et inventé les beaux-arts; c'est elle qui
a élevé les courages pour la guerre, et qui les a modérés
pour la paix.

(1) Ces pensées d'Horace, appuyées sur les traditions grecques,
sont vraies à un certain point de vue. On peut attribuer à la poésie
toutes ces merveilles, parce qu'elle est la forme la plus ancienne
que la langue humaine ait revêtue. A ce titre, elle peut s'appro-
prier tous les progrès que la culture primitive de l'esprit a fait
faire aux nations anciennes. Mais, sous un autre aspect, la poésie
mérite les plus sérieux reproches, pour avoir altéré les doctrines
traditionnelles par ses fictions. C'est pour ce motif que Platon voulait bannir les poëtes de sa république, comme des artisans de men-
songe. (A. D.)

Silvestres homines, sacer interpresque deorum
Cædibus et victu fœdo deterruit Orpheus;
Dictus ob hoc lenire tigres, rabidosque leones.
Dictus et Amphion Thebanæ conditor arcis,
Saxa movere sono testudinis, et prece blanda
Ducere quo vellet. Fuit hæc sapientia quondam, etc.
. . . .
Sic honor et nomen divinis vatibus atque
Carminibus venit. Post hos insignis Homerus,
Tyrtæusque mares animos in Martia bella
Versibus exacuit (1).

La parole animée par les vives images, par les grandes
figures, par le transport des passions et par le charme
de l'harmonie, fut nommée le langage des dieux; les peuples les plus barbares mêmes n'y ont pas été insensibles.
Autant on doit mépriser les mauvais poëtes, autant doit-
on admirer et chérir un grand poëte, qui ne fait point de la
poésie un jeu d'esprit pour s'attirer une vaine gloire, mais
qui l'emploie à transporter les hommes en faveur de la
sagesse, de la vertu et de la religion (2).

Me sera-t-il permis de représenter ici ma peine sur ce
que la perfection de la versification française me paraît
presque impossible? Ce qui me confirme dans cette pensée, est de voir que nos plus grands poëtes ont fait beaucoup de vers faibles. Personne n'en a fait de plus beaux

(1) Horat., *de Arte poet.*, v. 391-405.

> Un chantre, ami des dieux, polit l'homme sauvage
> Que nourrissait le gland, que souillait le carnage;
> C'est lui qu'on peint charmant les affreux léopards
> Amphion d'une ville éleva les remparts,
> Et, le luth à la main, la Fable le présente
> Disposant à son gré la pierre obéissante.
> De l'homme brut encor, premiers législateurs,
> Ces sages inspirés adoucirent les mœurs.
> . . . .
> Ainsi des favoris des filles de Mémoire
> Les noms furent dès lors consacrés par la gloire.
> Après Orphée, on vit, dans les âges suivants,
> De Tyrtée et d'Homère éclater les talents.
> A leurs mâles accents les guerriers s'enflammèrent.
>   DARU. (V.)

(2) Fénelon revient ici à la belle définition qu'il a donnée des devoir de l'écrivain en général. Voir plus haut, pages 20 (.A. D.)

que Malherbe ; combien en a-t-il fait qui ne sont guère dignes de lui ! Ceux même d'entre nos poëtes les plus estimables qui ont eu le moins d'inégalité, en ont fait assez
souvent de raboteux, d'obscurs et de languissants (1) : ils
ont voulu donner à leur pensée un tour délicat, et il la
faut chercher ; ils sont pleins d'épithètes forcées pour attraper la rime. En retranchant certains vers, on ne re-
trancherait aucune beauté : c'est ce qu'on remarquerait
sans peine, si on examinait chacun de leurs vers en toute
rigueur.

Notre versification perd plus, si je ne me trompe,
qu'elle ne gagne par les rimes (2) : elle perd beaucoup de
variété, de facilité et d'harmonie. Souvent la rime, qu'un
poëte va chercher bien loin, le réduit à allonger et à
faire languir son discours ; il lui faut deux ou trois vers
postiches pour en amener un dont il a besoin. On est scru-
puleux pour n'employer que des rimes riches, et on ne l'est
ni sur le fond des pensées et des sentiments, ni sur la clarté
des termes, ni sur les tours naturels, ni sur la noblesse des
expressions (3). La rime ne nous donne que l'uniformité
des finales, qui est souvent ennuyeuse, et qu'on évite
dans la prose, tant elle est loin de flatter l'oreille ! Cette
répétition de syllabes finales lasse même dans les grands
vers héroïques, où deux masculins sont toujours suivis
de deux féminins.

Il est vrai qu'on trouve plus d'harmonie dans les odes
et dans les stances, où les rimes entrelacées ont plus de

---

(1) Les temps ne sont pas ici assez nettement distingués. Tant que
la langue ne fut pas formée, on trouva dans les poëtes des défauts
qui tenaient à l'imperfection de l'instrument dont ils étaient obligés
de se servir. Ainsi, Malherbe a vraiment beaucoup de *vers indignes
de lui*. Mais on ne peut adresser les mêmes reproches aux grands
poëtes du XVII⁰ siècle. (A. D.)

(2) L'expérience a démontré au contraire que la rime était essen-
tielle à la versification française, et Fénelon l'avoue plus loin. Pre-
nez, en effet, les plus beaux vers de nos meilleurs poëtes, dépouil-
lez-les de leurs rimes, et voyez si vous obtenez autre chose qu'une
prose souvent fort ordinaire. (A. D.)

(3) Tous ces reproches ne peuvent s'adresser qu'aux mauvais
poëtes. (A. D.)

cadence et de variété. Mais les grands vers héroïques, qui demanderaient le son le plus doux, le plus varié et le plus majestueux, sont souvent ceux qui ont le moins cette perfection.

Les vers irréguliers (1) ont le même entrelacement de rimes que les odes; de plus, leur inégalité, sans règle uniforme, donne la liberté de varier leur mesure et leur cadence, suivant qu'on veut s'élever ou se rabaisser. M. de la Fontaine en a fait un très-bon usage.

Je n'ai garde néanmoins de vouloir abolir les rimes; sans elles, notre versification tomberait. Nous n'avons point dans notre langue cette diversité de brèves et de longues, qui faisait, dans le grec et dans le latin, la règle des pieds et la mesure des vers. Mais je croirais qu'il serait à propos de mettre nos poëtes un peu plus au large sur les rimes, pour leur donner le moyen d'être plus exacts sur le sens et sur l'harmonie. En relâchant un peu sur la rime, on rendrait la raison plus parfaite; on viserait avec plus de facilité au beau, au grand, au simple, au facile (2); on épargnerait aux plus grands poëtes des tours forcés, des épithètes cousues, des pensées qui ne se présentent pas d'abord assez clairement à l'esprit.

L'exemple des Grecs et des Latins peut nous encourager à prendre cette liberté : leur versification était, sans comparaison, moins gênante que la nôtre; la rime est plus difficile elle seule (3) que toutes les règles ensemble.

(1) Chaque genre demande une versification particulière. Les vers irréguliers conviennent parfaitement à l'apologue, au conte, et en général à tous les récits badins et familiers. Le genre lyrique demande que les rimes soient entrelacées et le rhythme varié; mais la tragédie et l'épopée exigent de grands vers héroïques. Voltaire a essayé de croiser les rimes dans une de ses tragédies, *Tancrède*; mais l'essai n'a pas été assez heureux pour être suivi. (A. D.)

(2) On viserait *avec plus de facilité... au facile*. Petite négligence. (A. D.)

(3) Les vers que Fénelon nous a laissés suffisent pour expliquer ces préventions contre la rime. Un poëte de profession ne sera jamais de son avis. Ainsi Boileau, malgré sa difficulté de composition, a dit :

La rime est une esclave, et ne doit qu'obéir.

Les Grecs avaient néanmoins recours aux divers dialectes (1) : de plus, les uns et les autres avaient des syllabes superflues, qu'ils ajoutaient librement pour remplir leurs vers. Horace se donne de grandes commodités pour la versification dans ses satires, dans ses épîtres, et même en quelques odes : pourquoi ne chercherions-nous pas de semblables soulagements, nous dont la versification est si gênante, et si capable d'amortir le feu d'un bon poëte ?

La sévérité de notre langue contre presque toutes les inversions de phrases augmente encore infiniment la difficulté de faire des vers français. On s'est mis à pure perte dans une espèce de torture pour faire un ouvrage. Nous serions tentés de croire qu'on a cherché le difficile plutôt que le beau (2). Chez nous, un poëte a autant besoin de penser à l'arrangement d'une syllabe qu'aux plus grands sentiments, qu'aux plus vives peintures, qu'aux traits les plus hardis. Au contraire, les anciens facilitaient, par des inversions fréquentes, les belles cadences, la variété, et les expressions passionnées. Les inversions se tournaient en grande figure, et tenaient l'esprit suspendu dans l'attente du merveilleux. C'est ce qu'on voit dans ce commencement d'églogue :

> Pastorum musam Damonis et Alphesibœi,
> Immemor herbarum quos est mirata juvenca
> Certantes, quorum stupefactæ carmine lynces,

> Dès qu'à la bien chercher d'abord on s'évertue,
> L'esprit à la trouver aisément s'habitue. (A. D.)

(1) On ne trouve l'emploi des divers dialectes que dans Homère. Les tragiques et les autres poëtes ne se servent que d'un seul dialecte. (A. D.)

(2) A l'époque où Fénelon écrivait, Malherbe et son école avaient imposé à la langue poétique des entraves insupportables ; et l'on conçoit que l'auteur du *Télémaque* se soit élevé contre tous ces obstacles. Aujourd'hui que la langue s'est affranchie de toutes ces petites règles, nous serions moins sévères envers ceux qui les dictaient, parce qu'il a été avantageux pour la langue d'être ainsi resserrée à l'époque de sa formation. Elle y a gagné en force et en clarté. (A. D.)

Et mutata suos requierunt flumina cursus;
Damonis musam dicemus et Alphesiboei (1).

Otez cette inversion, et mettez ces paroles dans un arrangement de grammairien qui suit la construction de la phrase ; vous leur ôterez leur mouvement, leur majesté, leur grâce et leur harmonie : c'est cette suspension qui saisit le lecteur. Combien notre langue est-elle timide et scrupuleuse en comparaison ! Oserions-nous imiter ce vers, où tous les mots sont dérangés ?

Aret ager, vitio moriens sitit acris herba (2).

Quand Horace veut préparer son lecteur à quelque grand objet, il le mène sans lui montrer où il va, et sans le laisser respirer :

Qualem ministrum fulminis alitem (3).

J'avoue qu'il ne faut point introduire tout à coup dans notre langue un grand nombre de ces inversions (4); on n'y est point accoutumé, elles paraîtraient dures et plei-

(1) Virg., *Eclog.* VIII, v. 1-3.

> Les chants d'Alphésibée et les chants de Damon,
> Les plus harmonieux des bergers du canton,
> Attiraient les troupeaux loin de leurs pâturages ;
> Ils rendaient attentifs même les loups sauvages,
> Et des fleuves charmés ils retardaient le cours.
> Ma muse à nos bergers répétera toujours
> Et les chants de Damon et ceux d'Alphésibée.
>
> La Rochefoucauld. (V.)

(2) Virg., *Eclog.* VII, v. 57.

> Dans nos champs dévorés de soif et de chaleur,
> En vain l'herbe mourante implore la fraîcheur.
>
> Tissot. (V.)

(3) Horat., *Od.*, lib. IV, III, v. 1.

> Tel que le noble oiseau ministre du tonnerre.
>
> Daru. (V.)

(4) Dans les langues anciennes, les mots changeant de désinence, l'inversion pouvait se faire sans obscurité. En français il n'en est pas de même, parce que la différence des cas n'est déterminée que par l'article. (A. D.)

nes d'obscurité. L'ode pindarique de M. Despréaux (1)
n'est pas exempte, ce me semble, de cette imperfection.
Je le remarque avec d'autant plus de liberté, que j'admire
d'ailleurs les ouvrages de ce grand poëte. Il faudrait choisir de proche en proche les inversions les plus douces et
les plus voisines de celles que notre langue permet déjà.
Par exemple, toute notre nation a approuvé celles-ci :

> Là se perdent ces noms de maitres de la terre,
> . . . .
> Et tombent avec eux , d'une chute commune,
>   Tous ceux que leur fortune
>   Faisait leurs serviteurs (2).

Ronsard avait trop entrepris tout à coup. Il avait forcé
notre langue par des inversions trop hardies et obscures ;
c'était un langage cru et informe. Il y ajoutait trop de mots
composés, qui n'étaient point encore introduits dans le
commerce de la nation : il parlait français en grec (3), malgré les Français mêmes. Il n'avait pas tort, ce me semble,
de tenter quelque nouvelle route pour enrichir notre langue, pour enhardir notre poésie, et pour dénouer notre
versification naissante. Mais, en fait de langue, on ne
vient à bout de rien sans l'aveu des hommes pour lesquels
on parle. On ne doit jamais faire deux pas à la fois; et il
faut s'arrêter dès qu'on ne se voit pas suivi de la multitude. La singularité est dangereuse en tout : elle ne peut
être excusée dans les choses qui ne dépendent que de
l'usage (4).

L'excès choquant de Ronsard nous a un peu jetés dans
l'extrémité opposée; on a appauvri, desséché et gêné notre langue. Elle n'ose jamais procéder que suivant la méthode la plus scrupuleuse et la plus uniforme de la gram-

---

(1) Il s'agit ici de la mauvaise ode de Boileau sur la *Prise de Na-*
mur. Elle a bien d'autres défauts que cette imperfection. (A. D.)
  (2) Malherbe, *Paraphr. du Ps.* cxlv. (V.)
  (3) Ou mieux, comme a dit Boileau : *Parlait grec en français*. (A.D.)
  (4) C'est bien en pareille matière que le jugement de la multitude
est infaillible, comme Platon le fait dire à Socrate dans le *Premier*
Alcibiade. (A. D.)

maire : on voit toujours venir d'abord un nominatif substantif, qui mène son adjectif comme par la main ; son verbe ne manque pas de marcher derrière, suivi d'un adverbe qui ne souffre rien entre deux ; et le régime appelle aussitôt un accusatif, qui ne peut jamais se déplacer (1). C'est ce qui exclut toute suspension de l'esprit, toute attention, toute surprise, toute variété, et souvent toute magnifique cadence.

Je conviens, d'un autre côté, qu'on ne doit jamais hasarder aucune locution ambiguë ; j'irais même d'ordinaire, avec Quintilien (2), jusqu'à éviter toute phrase que le lecteur entend, mais qu'il pourrait ne pas entendre, s'il ne suppléait pas ce qui y manque. Il faut une diction simple, précise et dégagée, où tout se développe de soi-même et aille au-devant du lecteur. Quand un auteur parle au public, il n'y a aucune peine qu'il ne doive prendre pour en épargner à son lecteur ; il faut que tout le travail soit pour lui seul, et tout le plaisir, avec tout le fruit, pour celui dont il veut être lu. Un auteur ne doit laisser rien à chercher dans sa pensée ; il n'y a que les faiseurs d'énigmes qui soient en droit de présenter un sens enveloppé. Auguste voulait qu'on usât de répétitions fréquentes (3), plutôt que de laisser quelque péril d'obscurité dans le discours. En effet, le premier de tous les devoirs d'un homme qui n'écrit que pour être entendu, est de soulager son lecteur en se faisant d'abord entendre (4).

J'avoue que nos plus grands poëtes français, gênés par

---

(1) C'est en effet la marche ordinaire de la langue, et ceci tient, comme nous l'avons déjà observé, à ce que les mots ne changeant pas de désinence, on est obligé, pour être clair, de suivre cette méthode de construction. Cependant ces règles générales n'empêchent pas l'écrivain de varier ses tournures et ses phrases ; et Fénelon lui-même a prouvé, mieux que tout autre, que la prose française pouvait avoir autant de grâce et d'harmonie même que la prose latine ou grecque. (A. D.)

(2) Instit., Orat. VIII, c. 2. (A. D.)

(3) Suéton., Aug., 86. (A. D.)

(4) Ce principe a été celui de tous nos grands écrivains, et c'est sans doute à cette prétention modeste que notre langue doit son incomparable clarté. (A. D.)

les lois rigoureuses de notre versification, manquent en
quelques endroits de ce degré de clarté parfaite. Un homme qui pense beaucoup veut beaucoup dire ; il ne peut se
résoudre à rien perdre ; il sent le prix de tout ce qu'il a
trouvé ; il fait de grands efforts pour renfermer tout dans
les bornes étroites d'un vers (1). On veut même trop de
délicatesse, elle dégénère en subtilité (2). On veut trop
éblouir et surprendre : on veut avoir plus d'esprit que son
lecteur, et le lui faire sentir, pour lui enlever son admiration ; au lieu qu'il faudrait n'en avoir jamais plus que lui, et
lui en donner même, sans paraître en avoir. On ne se con-
tente pas de la simple raison, des grâces naïves, du sentiment le plus vif, qui font la perfection réelle ; on va un peu
au delà du but par amour-propre. On ne sait pas être sobre
dans la recherche du beau : on ignore l'art de s'arrêter tout
court en deçà des ornements ambitieux. Le mieux auquel
on aspire fait qu'on gâte le bien, dit un proverbe italien. On
tombe dans le défaut de répandre un peu trop de sel, et de
vouloir donner un goût trop relevé à ce qu'on assaisonne ;
on fait comme ceux qui chargent une étoffe de trop de broderie. Le goût exquis craint le trop en tout, sans en excepter
l'esprit même. L'esprit lasse beaucoup, dès qu'on l'affecte
et qu'on le prodigue. C'est en avoir de reste, que d'en
savoir retrancher pour s'accommoder à celui de la multitude, et pour lui aplanir le chemin. Les poëtes qui ont le
plus d'essor, de génie, d'étendue de pensées et de fécon-

(1) Dans les grands poëtes, cette contrainte sert la pensée plutôt
qu'elle ne lui nuit :

> De la contrainte rigoureuse
> Où l'esprit semble resserré,
> Il reçoit cette forme heureuse
> Qui l'élève au plus haut degré.
> Telle, dans les canaux pressée,
> Avec plus de force élancée,
> L'onde s'élève dans les airs ;
> Et la règle qui semble austère
> N'est qu'un art plus certain de plaire,
> Inséparable des beaux vers.
> LA FARE. (A. D.

2) Horace, de Arte poetica, v. 25 et suiv. (A. D.)

dité, sont ceux qui doivent le plus craindre cet écueil de l'excès d'esprit. C'est, dira-t-on, un beau défaut, c'est un défaut rare, c'est un défaut merveilleux (1). J'en conviens; mais c'est un vrai défaut, et l'un des plus difficiles à corriger. Horace veut qu'un auteur s'exécute sans indulgence sur l'esprit même :

> Vir bonus et prudens versus reprehendet inertes;
> Culpabit duros; incomptis allinet atrum
> Transverso calamo signum; ambitiosa recidet
> Ornamenta; parum claris lucem dare coget (2).

On gagne beaucoup en perdant tous les ornements superflus pour se borner aux beautés simples, faciles, claires, et négligées en apparence. Pour la poésie, comme pour l'architecture, il faut que tous les morceaux nécessaires se tournent en ornements naturels. Mais tout ornement qui n'est qu'ornement est de trop; retranchez-le, il ne manque rien, il n'y a que la vanité qui en souffre. Un auteur qui a trop d'esprit, et qui en veut toujours avoir, lasse et épuise le mien : je n'en veux point avoir tant. S'il en montrait moins, il me laisserait respirer, et me ferait plus de plaisir : il me tient trop tendu, la lecture de ses vers me devient une étude. Tant d'éclairs m'éblouissent; je cherche une lumière douce qui soulage mes faibles yeux. Je demande un poëte aimable, proportionné au commun des hommes, qui fasse tout pour eux, et rien pour lui. Je veux un sublime si familier, si doux et si simple, que chacun soit d'abord tenté de croire qu'il l'aurait trouvé sans

---

(1) Fénelon, tout plein de la lecture des anciens, rappelle ici le mot de Quintilien, lorsque ce critique dit de Sénèque le philosophe: *Dulcibus abundat vitiis.* (A. D.)

(2) Horat., *de Arte poet.*, v. 445-448.

> D'un trait de son crayon, le rigide censeur
> Efface les endroits qu'a négligés l'auteur.
> De ce vers qui se traîne il blâme la faiblesse;
> Il ne vous cache point que ce vers dur le blesse;
> Il veut qu'on sacrifie une fausse beauté,
> Qu'en un passage obscur on jette la clarté.
>
> DARU. (V.)

peine, quoique peu d'hommes soient capables de le trouver. Je préfère l'aimable au surprenant et au merveilleux (1). Je veux un homme qui me fasse oublier qu'il est auteur (2), et qui se mette, comme de plain-pied, en conversation avec moi. Je veux qu'il me mette (3) devant les yeux un laboureur qui craint pour ses moissons, un berger qui ne connaît que son village et son troupeau, une nourrice attendrie pour son petit enfant; je veux qu'il me fasse penser, non à lui et à son bel esprit, mais aux bergers qu'il fait parler.

> Despectus tibi sum, nec qui sim quæris, Alexi;
> Quam dives pecoris nivei, quam lactis abundans.
> Mille meæ Siculis errant in montibus agnæ,
> Lac mihi non æstate novum, non frigore, defit.
> Canto quæ solitus, si quando armenta vocabat,
> Amphion Dircæus in Actæo Aracyntho.
> Nec sum adeo informis; nuper me in littore vidi,
> Quum placidum ventis staret mare (4).

Combien cette naïveté champêtre a-t-elle plus de grâce qu'un trait subtil et raffiné d'un bel esprit !

> Ex noto fictum carmen sequar, ut sibi quivis
> Speret idem; sudet multum, frustraque laboret

(1) Tout ce morceau est admirablement écrit. C'est un des plus beaux passages de cette magnifique lettre. (A. D.)

(2) Pascal a dit : « Quand on voit le style naturel, on est tout étonné et ravi; car on s'attendait de voir un auteur, et on trouve un homme. » (Pensées.) (A. D.)

(3) Qu'il me mette... auparavant, qui se mette. On vient d'apprendre que Fénelon ne blâmait pas les répétitions. (A. D.)

(4) Virg., Eclog. II, v. 19-26.

> Tu rejettes mes vœux, Alexis, tu me fuis,
> Sans daigner seulement demander qui je suis,
> Si mon bercail est riche et mon troupeau fertile.
> Vois mes mille brebis errer dans la Sicile :
> Leur lait, même en hiver, coule à flots argentés.
> Je répète les airs qu'Amphion a chantés,
> Quand sa voix, des forêts perçant la vaste enceinte,
> Rappelait ses troupeaux épars sur l'Aracynthe.
> Mes traits n'ont rien d'affreux: dans le cristal des flots
> Je me vis l'autre jour...
>
> TISSOT. (V.)

Ausus idem : tantum series juncturaque pollet!
Tantum de medio sumptis accedit honoris (1) !

O qu'il y a de grandeur à se rabaisser ainsi, pour se proportionner à tout ce qu'on peint, et pour atteindre à tous les divers caractères ! Combien un homme est-il au-dessus de ce qu'on nomme esprit, quand il ne craint point d'en cacher une partie ! Afin qu'un ouvrage soit véritablement beau, il faut que l'auteur s'y oublie, et me permette de l'oublier ; il faut qu'il me laisse seul en pleine liberté. Par exemple, il faut que Virgile disparaisse, et que je m'imagine voir ce beau lieu :

Muscosi fontes, et somno mollior herba (2), etc.

Il faut que je désire d'être transporté dans cet autre endroit :

. O mihi tum quam molliter ossa quiescant,
Vestra meos olim si fistula dicat amores !
Atque utinam ex vobis unus, vestrique fuissem
Aut custos gregis, aut maturæ vinitor uvæ (3) !

Il faut que j'envie le bonheur de ceux qui sont dans cet autre lieu dépeint par Horace :

(1) Horat., *de Arte poet.*, v. 240-243.

J'unirais volontiers l'heureuse fiction
A des sujets connus que m'offrirait l'histoire.
Tel auteur croit pouvoir l'essayer avec gloire,
Qui ne fait bien souvent qu'un effort malheureux
Tant ce travail modeste est encor périlleux ;
Tant dans l'art de la scène un goût pur apprécie
D'un plan bien ordonné la savante harmonie !

DARU (V.)

(2) Virg., *Eclog.* VII, v. 45.

Fontaines, dont la mousse environne les flots,
Gazons, dont la mollesse invite au doux repos.

DE LANGEAC. (V.)

(3) Virg., *Eclog.* X, v. 33-36.

.... O que si quelques jours
Votre luth à ces monts racontait mes amours,
Gallus dans le tombeau reposerait tranquille !
Que n'ai-je parmi vous, dans un modeste asile,
Ou marié la vigne, ou soigné les troupeaux !

DE LANGEAC. (V.)

Qua pinus ingens albaque populus
Umbram hospitalem consociare amant
Ramis, et obliquo laborat
Lympha fugax trepidare rivo (1).

J'aime bien mieux être occupé de cet ombrage et de ce ruisseau, que d'un bel esprit importun qui ne me laisse point respirer. Voilà les espèces d'ouvrages dont le charme ne s'use jamais : loin de perdre à être relus, ils se font toujours redemander ; leur lecture n'est point une étude, on s'y repose, on s'y délasse. Les ouvrages brillants et façonnés imposent et éblouissent ; mais ils ont une pointe fine qui s'émousse bientôt. Ce n'est ni le difficile, ni le rare, ni le merveilleux, que je cherche ; c'est le beau simple, aimable et commode, que je goûte. Si les fleurs qu'on foule aux pieds dans une prairie sont aussi belles que celles des plus somptueux jardins, je les en aime mieux. Je n'envie rien à personne. Le beau ne perdrait rien de son prix, quand il serait commun à tout le genre humain ; il en serait plus estimable. La rareté est un défaut et une pauvreté de la nature. Les rayons du soleil n'en sont pas moins un grand trésor, quoiqu'ils éclairent tout l'univers. Je veux un beau si naturel (2), qu'il n'ait aucun

(1) Horat., *Od.*, lib. II, *od.* III, v. 9-13.

> Sur ces bords, où les pins et les saules tremblants
> Aiment à marier leur ombre hospitalière ;
> Auprès de ce ruisseau, dont les flots gazouillants
> Effleurent le gazon dans leur course légère.
>
> DARU. (V.)

> Là, parmi des arbres sans nombre,
> T'offrant son dôme hospitalier,
> Du vieux pin le feuillage sombre
> Se plaît à marier son ombre
> A la pâleur du peuplier.
>
> Plus loin, la source fugitive,
> Qui suit à regret les détours
> Du lit où son onde est captive,
> Semble s'échapper de sa rive,
> Et vouloir abréger son cours.
>
> DE WAILLY. (V.)

(2) Cet amour passionné de la nature a inspiré à Fénelon son *Télémaque* et tous ses chefs-d'œuvre (A. D.)

besoin de me surprendre par sa nouveauté : je veux que
ses grâces ne vieillissent jamais, et que je ne puisse presque me passer de lui.

. . . . . . Decies repetita placebit (1).

La poésie est sans doute une imitation et une peinture (2). Représentons-nous donc Raphaël qui fait un tableau : il se garde bien de faire des figures bizarres, à moins
qu'il ne travaille dans le grotesque ; il ne cherche point
un coloris éblouissant : loin de vouloir que l'art saute aux
yeux, il ne songe qu'à le cacher ; il voudrait pouvoir
tromper le spectateur, et lui faire prendre son tableau
pour Jésus-Christ même transfiguré sur le Thabor (3)
Sa peinture n'est bonne qu'autant qu'on y trouve de
vérité. L'art est défectueux dès qu'il est outré ; il doit
viser à la ressemblance. Puisqu'on prend tant de plaisir
à voir, dans un paysage du Titien, des chèvres qui grim-
pent sur une colline pendante en précipice (4), ou, dans
un tableau de Téniers (5), des festins de village et des
danses rustiques, faut-il s'étonner qu'on aime à voir,
dans l'*Odyssée*, des peintures si naïves du détail de la
vie humaine ? On croit être dans les lieux qu'Homère
dépeint, y voir et y entendre les hommes (6). Cette simplicité de mœurs semble ramener l'âge d'or. Le bon-
homme Eumée me touche bien plus qu'un héros de Clélie

(1) Horat., *de Arte poet.*, v. 364. (V.)
(2) Ut pictura poesis. Horat., *Art. poet.*, v. 361. (A. D.)
(3) La *Transfiguration* est un des plus beaux tableaux de Raphaël. (A. D.)
(4) Ces mots rappellent le vers de Virgile, qui était probablement
dans l'esprit de l'auteur :
　　Dumosa pendere procul de rupe videbo.
　　　　　　　　I Egl., v. 77. (A. D.)
(5) Peintre flamand du XVIIe siècle. (A. D.)
(6) C'était le but de ce poëme, dont Horace a ainsi traduit les premiers vers :
　　Dic mihi, musa, virum, captæ post tempora Trojæ
　　Qui mores hominum multorum vidit et urbes.
　　　　　　　　De Arte poetica, 141, 142. (A. D.)

ou de Cléopâtre (1). Les vains préjugés de notre temps avilissent de telles beautés ; mais nos défauts ne diminuent point le vrai prix d'une vie si raisonnable et si naturelle. Malheur à ceux qui ne sentent point le charme de ces vers :

> Fortunate senex ! hic , inter flumina nota
> Et fontes sacros , frigus captabis opacum (2) !

Rien n'est au-dessus de cette peinture de la vie champêtre :

> O fortunatos nimium , sua si bona norint (3)... etc.

Tout m'y plaît, et même cet endroit, si éloigné des idées romanesques :

> . . . . At frigida Tempe,
> Mugitusque boum , mollesque sub arbore somni (4).

Je suis attendri tout de même pour la solitude d'Horace :

> O rus, quando ego te aspiciam ? quandoque licebit
> Nunc veterum libris , nunc somno et inertibus horis ,
> Ducere sollicitæ jucunda oblivia vitæ (5) ?

(1) Clélie est un roman de mademoiselle de Scudéry ; Cléopâtre un roman de la Calprenède. On sait comment Boileau les a traités dans ses *Satires* et dans son *Art poétique*. On ne connaît plus aujourd'hui que de nom ces compositions ridicules. (A. D.)

(2) Virg., *Eclog.* I, v. 52, 53.
> Heureux vieillard ! ici nos fontaines sacrées,
> Nos forêts te verront, sous leur sombre épaisseur,
> De l'ombrage et des eaux respirer la fraîcheur.
> Tissot. (V.)

(3) Virg., *Georg.*, lib. II , v. 458.
> Heureux l'homme des champs, s'il connaît son bonheur !
> Delille. (V.)

(4) Virg., *Georg* , lib. II , v. 469, 470.
> .... Une claire fontaine,
> Dont l'onde en murmurant l'endort sous un vieux chêne
> Un troupeau qui mugit , des vallons , des forêts.
> Delille. (V.)

(5) *Satir*, lib. II , VI , v. 60-62.
> O ma chère campagne ! ô tranquilles demeures !
> Quand pourrai-je , au sommeil donnant de douces heures,

Les anciens ne se sont pas contentés de peindre simplement d'après nature, ils ont joint la passion à la vérité.

Homère ne peint point un jeune homme qui va périr dans les combats, sans lui donner des grâces touchantes : il le représente plein de courage et de vertu; il vous intéresse pour lui, il vous le fait aimer, il vous engage à craindre pour sa vie; il vous montre son père accablé de vieillesse, et alarmé des périls de ce cher enfant; il vous fait voir la nouvelle épouse de ce jeune homme qui tremble pour lui; vous tremblez avec elle. C'est une espèce de trahison : le poëte ne vous attendrit avec tant de grâce et de douceur, que pour vous mener au moment fatal où vous voyez tout à coup celui que vous aimez, qui nage dans son sang, et dont les yeux sont fermés par l'éternelle nuit (1).

Virgile prend pour Pallas, fils d'Évandre, les mêmes soins de nous affliger, qu'Homère avait pris de nous faire pleurer Patrocle. Nous sommes charmés de la douleur que Nisus et Euryale nous coûtent. J'ai vu un jeune prince (2), à huit ans, saisi de douleur à la vue du péril du petit Joas. Je l'ai vu impatient sur ce que le grand prêtre cachait à Joas son nom et sa naissance. Je l'ai vu pleurer amèrement en écoutant ces vers :

> Ah miseram Eurydicen ! anima fugiente, vocabat :
> Eurydicen toto referebant flumine ripæ (5).

> Ou, trouvant dans l'étude un utile plaisir,
> Au sein de la paresse et d'une paix profonde,
> Goûter l'heureux oubli des orages du monde !
>
> DARU. (V.)

(1) Personne n'a senti plus vivement que Fénelon les beautés des anciens. (A. D.)

(2) Fénelon parle ici de son élève. Il avait huit ans quand *Athalie* parut. Il y avait déjà deux ans qu'il était mort quand son admirable maître écrivait cette lettre. (A. D.)

(3) Virg., *Georg.*, lib. IV, v. 526, 527.

> .... Sa voix expirante,
> Jusqu'au dernier soupir formant un faible son,
> D'Eurydice en flottant murmurait le doux nom ;
> Eurydice, ô douleur ! Touchés de son supplice
> Les échos répétaient : Eurydice, Eurydice.
>
> DELILLE. (V.)

Vit-on jamais rien de mieux amené, ni qui prépare un plus vif sentiment, que ce songe d'Énée :

> Tempus era quo prima quies mortalibus ægris...
> . . . .
> Raptatus bigis, ut quondam, aterque cruento
> Pulvere, perque pedes trajectus lora tumentes.
> Hei mihi, qualis erat! quantum mutatus ab illo
> Hectore qui redit exuvias indutus Achillis! etc.
> Ille nihil; nec me quærentem vana moratur (1), etc.

Le bel esprit pourrait-il toucher ainsi le cœur ?
Peut-on lire cet endroit sans être ému ?

> O mihi sola mei super Astyanactis imago !
> Sic oculos, sic ille manus, sic ora ferebat ;
> Et nunc æquali tecum pubescere ævo (2).

Les traits du bel esprit seraient déplacés et choquants dans un discours si passionné, où il ne doit rester de parole qu'à la douleur.

Le poëte ne fait jamais mourir personne, sans peindre vivement quelque circonstance qui intéresse le lecteur.

On est affligé pour la vertu, quand on lit cet endroit :

---

(1) Virg., *Æneid.*, II, v. 268-287.

> C'était l'heure où, du jour adoucissant les peines,
> Le sommeil, grâce aux dieux, se glisse dans nos veines.
> Tout à coup, le front pâle et chargé de douleurs,
> Hector près de mon lit a paru tout en pleurs,
> Et tel qu'après son char la Victoire inhumaine,
> Noir de poudre et de sang, le traîna sur l'arène.
> Je vois ses pieds encore et meurtris et percés
> Des indignes liens qui les ont traversés.
> Hélas ! qu'en cet état de lui-même il diffère !
> Ce n'est plus cet Hector, ce guerrier tutélaire
> Qui, des armes d'Achille orgueilleux ravisseur,
> Dans les murs paternels revenait en vainqueur;
> Ou, courant assiéger les vingt rois de la Grèce,
> Lançait sur leurs vaisseaux la flamme vengeresse.
> Combien il est changé! le sang de toutes parts
> Souillait sa barbe épaisse et ses cheveux épars...
> DE FONTANES. (V.)

(2) *Ibid.*, III, v. 489-491.

> O seul et doux portrait de ce fils que j'adore !
> Cher enfant ! c'est par vous que je suis mère encore.

> . . . . Cadit et Ripheus, justissimus unus
> Qui fuit in Teucris, et servantissimus æqui :
> Dis aliter visum (1).

Ou croit être au milieu de Troie, saisi d'horreur et de compassion, quand on lit ces vers :

> Tum pavidæ tectis matres ingentibus errant,
> Amplexæque tenent postes, atque oscula figunt (2)

> Vidi Hecubam, centumque nurus, Priamumque per aras
> Sanguine fœdantem quos ipse sacraverat ignes (3).

> Arma diu senior desueta trementibus ævo
> Circumdat nequidquam humeris, et inutile ferrum
> Cingitur, ac densos fertur moriturus in hostes (4).

> De mon Astyanax, dans mes jours de douleur,
> Votre aimable présence entretenait mon cœur.
> Voilà son air, son port, son maintien, son langage
> Ce sont les mêmes traits; il aurait le même âge.
>
> DELILLE. (V.)

(1) Virg., *Æneid.*, II, v. 426-428.

> Riphée. . . . . tombe égorgé de même ;
> Riphée, hélas ! si juste et si chéri des siens !
> Mais le ciel le confond dans l'arrêt des Troyens.
>
> DELILLE. (V.)

(2) *Ibid.*, v. 489, 490.

> Les femmes, perçant l'air d'horribles hurlements,
> Dans l'enceinte royale errent désespérées ;
> Au seuil de ces parvis, à leurs portes sacrées,
> Elles collent leur bouche, entrelacent leurs bras.
>
> DELILLE. (V.)

(3) *Ibid.*, v. 501, 502.

> J'ai vu. . . . .
> Hécube échevelée errer sous ces lambris;
> Le glaive moissonner les femmes de ses fils;
> Et son époux, hélas ! à son moment suprême,
> Ensanglanter l'autel qu'il consacra lui-même.
>
> DELILLE. (V.)

(4) *Ibid.*, v. 509-511.

> .... D'une armure impuissante
> Ce vieillard charge en vain son épaule tremblante,
> Prend un glaive, à son bras dès longtemps étranger,
> Et s'apprête à mourir plutôt qu'à se venger.
>
> DELILLE. (V.)

Sic fatus senior, telumque imbelle sine ictu
Conjecit (1).

« Nunc morere. » Hæc dicens, altaria ad ipsa trementem
Traxit, et in multo lapsantem sanguine nati ;
Implicuitque comam læva, dextraque coruscum
Extulit, ac lateri capulo tenus abdidit ensem.
Hæc finis Priami fatorum : hic exitus illum
Sorte tulit, Trojam incensam et prolapsa videntem
Pergama, tot quondam populis terrisque superbum
Regnatorem Asiæ. Jacet ingens littore truncus,
Avulsumque humeris caput, et sine nomine corpus (2).

Le poëte ne représente point le malheur d'Eurydice
sans nous la montrer toute prête à revoir la lumière, et
replongée tout à coup dans la profonde nuit des enfers :

Jamque pedem referens casus evaserat omnes,
Redditaque Eurydice superas veniebat ad auras.
. . . .
Illa : « Quis et me, inquit, miseram, et te perdidit, Orpheu ?
Quis tantus furor ? en iterum crudelia retro
Fata vocant, conditque natantia lumina somnus.

_____

(1) Virg., Æneid., v. 544, 545.

        ... A ces mots, au vainqueur inhumain
Il jette un faible trait...
                DELILLE. (V.)

(2) Ibid., II, v. 550-558.

       .... Meurs. Il dit ; et d'un bras sanguinaire
Du monarque traîné par ses cheveux blanchis,
Et nageant dans le sang du dernier de ses fils,
Il pousse vers l'autel la vieillesse tremblante ;
De l'autre, saisissant l'épée étincelante,
Lève le fer mortel, l'enfonce, et de son flanc
Arrache avec la vie un vain reste de sang.
Ainsi finit Priam ; ainsi la destinée
Marqua par cent malheurs sa mort infortunée.
Il périt en voyant de ses derniers regards
Brûler son Ilion et crouler ses remparts.
Et ce grand potentat, dont les mains souveraines
De tant de nations avaient tenu les rênes,
Que l'Asie à genoux entourait autrefois
De l'amour des sujets et du respect des rois,
De lui-même aujourd'hui reste méconnaissable,
Hélas ! et dans la foule étendu sur le sable,
N'est plus, dans cet amas des lambeaux d'Ilion,
Qu'un cadavre sans tombe et qu'un débris sans nom.
                DELILLE. (V.)

> Jamque vale : feror ingenti circumdata nocte,
> Invalidasque tibi tendens, heu ! non tua, palmas (1). »

Les animaux souffrants que ce poëte met comme devant nos yeux nous affligent :

> Propter aquæ rivum viridi procumbit in ulva
> Perdita, nec seræ meminit decedere nocti (2).

La peste des animaux est un tableau qui nous émeut :

> Hinc lætis vituli vulgo moriuntur in herbis,
> Et dulces animas plena ad præsepia reddunt.
>
> . . . .
> Labitur, infelix studiorum atque immemor herbæ,
> Victor equus, fontesque avertitur, et pede terram
> Crebra ferit. . . . .
> Ecce autem duro fumans sub vomere taurus
> Concidit, et mixtum spumis vomit ore cruorem,
> Extremosque ciet gemitus : it tristis arator,
> Mœrentem abjungens fraterna morte juvencum,
> Atque opere in medio defixa relinquit aratra.
> Non umbræ altorum nemorum, non mollia possunt
> Prata movere animum, non qui per saxa volutus
> Purior electro campum petit amnis (3).

(1) *Georg.*, lib. IV, v. 485-493.

> Enfin il revenait des gouffres du Ténare,
> Possesseur d'Eurydice et vainqueur du Tartare...
> Eurydice s'écrie : O destin rigoureux !
> Hélas ! quel dieu cruel nous a perdus tous deux ?
> Quelle fureur ! Voilà qu'au ténébreux abime
> Le barbare Destin rappelle sa victime.
> Adieu : déjà je sens dans un nuage épais
> Nager mes yeux éteints, et fermés pour jamais.
> Adieu, mon cher Orphée ! Eurydice expirante
> En vain te cherche encor de sa main défaillante :
> L'horrible mort, jetant son voile autour de moi,
> M'entraine loin du jour, hélas ! et loin de toi.
> DELILLE. (V.)

(2) *Eclog.* VIII v. 87, 88.

> La génisse amoureuse, errante au bord des eaux,
> Succombe, et sans espoir elle fuit le repos,
> C'est en vain que la nuit sous nos toits la rappelle.
> DE LANGEAC. (V.)

(3) Virg., *Georg.*, lib. III, v. 494-498, 515-522.

> Tout meurt dans le bercail, dans les champs tout périt ;
> L'agneau tombe en suçant le lait qui le nourrit ;

Virgile anime et passionne tout. Dans ses vers tout pense, tout a du sentiment, tout vous en donne; les arbres mêmes vous touchent :

> Exiit ad cœlum ramis felicibus arbos.
> Miraturque novas frondes, et non sua poma (1).

Une fleur attire votre compassion, quand Virgile la peint prête à se flétrir :

> Purpureus veluti quum flos succisus aratro
> Languescit moriens (2).

Vous croyez voir les moindres plantes que le printemps ranime, égaye et embellit :

> Inque novos soles audent se gramina tuto
> Credere (3).

> La génisse languit dans un vert pâturage...
> Le coursier, l'œil éteint et l'oreille baissée,
> Distillant lentement une sueur glacée,
> Languit, chancelle, tombe, et se débat en vain,.
> Il néglige les eaux, renonce au pâturage,
> Et sent s'évanouir son superbe courage...
> Voyez-vous le taureau, fumant sous l'aiguillon,
> D'un sang mêlé d'écume inonder son sillon ?
> Il meurt; l'autre, affligé de la mort de son frère,
> Regagne tristement l'étable solitaire ;
> Son maître l'accompagne accablé de regrets,
> Et laisse en soupirant ses travaux imparfaits.
> Le doux tapis des prés, l'asile d'un bois sombre,
> La fraîcheur du matin jointe à celle de l'ombre,
> Le cristal d'un ruisseau qui rajeunit les prés
> Et roule une eau d'argent sur des sables dorés,
> Rien ne peut des troupeaux ranimer la faiblesse.
>
> DELILLE. (V.)

(1) Virg., *Georg.*, II, v. 81, 82.

> Bientôt ce tronc s'élève en arbre vigoureux,
> Et, se couvrant des fruits d'une race étrangère,
> Admire ces enfants dont il n'est pas le père.
>
> DELILLE. (V.)

(2) *Æneid.*, IX, v. 435, 436.

> Tel meurt avant le temps, sur la terre couché,
> Un lis que la charrue en passant a touché.
>
> DELILLE. (V.)

(3) *Georg.*, lib II, v. 332.

> Aux rayons doux encor du soleil printanier,
> Le gazon sans péril ose se confier.
>
> DELILLE. (V.)

Un rossignol est Philomèle qui vous attendrit sur ses malheurs :

> Qualis populea mœrens Philomela sub umbra (1).

Horace fait, en trois vers, un tableau où tout vit e' inspire du sentiment :

> . . . . . Fugit retro
> Levis juventas et decor, arida
> Pellente lascivos amores
> Canitie, facilemque somnum (2).

Veut-il peindre en deux coups de pinceau deux hommes que personne ne. puisse méconnaître, et qui saisissent le spectateur ? il vous met devant les yeux la folie incorrigible de Pâris, et la colère implacable d'Achille :

> Quid Paris? ut salvus regnet, vivatque beatus,
> Cogi posse negat (3).
> Jura neget sibi nata, nihil non arroget armis (4).

Horace veut-il nous toucher en faveur des lieux où il souhaiterait de finir sa vie avec son ami? il nous inspire le désir d'y aller :

> Ille terrarum mihi præter omnes
> Angulus ridet . . . .

(1) Virg., *Georg.*, lib. IV, v. 511.

> Telle sur un rameau, durant la nuit obscure,
> Philomèle plaintive attendrit la nature.
> DELILLE. (V.)

(2) Horat., *Od.*, lib. II, od. IX, v. 5-8.

> Déjà s'envolent nos beaux jours;
> Aux grâces du printemps succède la vieillesse;
> Elle a banni l'essaim des folâtres Amours,
> Et le sommeil facile, et la douce allégresse.
> DE WAILLY. (V.)

(3) *Ep.*, lib. I, ep. II, v. 10, 11.

> Mais l'amoureux Pâris, aveugle en son délire,
> Refuse son bonheur et la paix de l'empire.
> DARU. (V.)

(4) *De Arte poet.*, v. 122.

> Implacable, bravant l'autorité des lois,
> Et sur le glaive seul appuyant tous ses droits.
> DARU. (V.)

. . . . . Ibi tu calentem
Debita sparges lacryma favillam
Vatis amici (1).

Fait-il un portrait d'Ulysse? il le peint supérieur aux tem-
pêtes de la mer, au naufrage même, et à la plus cruelle
fortune :

. . . . Aspera multa
Pertulit, adversis rerum immersabilis undis (2).

Peint-il Rome invincible jusque dans ses malheurs? écou-
tez-le :

Duris ut ilex tonsa bipennibus
Nigræ feraci frondis in Algido,
Per damna, per cædes, ab ipso
Ducit opes animumque ferro.
Non hydra secto corpore firmior (5), etc.

Catulle, qu'on ne peut nommer sans avoir horreur de
ses obscénités, est au comble de la perfection pour une
simplicité passionnée :

Odi et amo. Quare id faciam, fortasse requiris.
Nescio ; sed fieri sentio, et excrucior (4).

(1) Horat., *Od.*, lib. II, *od.* VI, v 13, 14, 22-24.
  Rien n'égale à mes yeux ce petit coin du monde...
  Vos pleurs y mouilleront la cendre tiède encore
   Du poète que vous aimez.
         DE WAILLY. (V.)

(2) *Ep.*, lib. I, *ep.* II, v. 21, 22.

     ... Égaré sur les mers,
  Et vainqueur d'Ilion comme de la fortune
  Retrouvant son Ithaque en dépit de Neptune.
         DARU. (V.)

(5) *Od.*, lib. IV, *od.* IV, v. 37-61.
  Rome prend sous nos coups une force nouvelle,
  Et le glaive et le feu la trouvent immortelle :
  Ainsi, vainqueur du fer, l'orme étend ses rameaux.
  Jamais monstre pareil n'étonna la Colchide :
   L'hydre même d'Alcide
  Renaissait moins de fois sous les coups du héros.
         DARU. (V.)

(4) *Epigr.* LXXXVI.
J'aime et je hais. Comment se peut-il? je l'ignore ; mais je le sens,
te je suis à la torture. (V.)

Combien Ovide et Martial, avec leurs traits ingénieux et façonnés, sont-ils au-dessous de ces paroles négligées, où le cœur saisi parle seul dans une espèce de désespoir !

Que peut-on voir de plus simple et de plus touchant, dans un poëme, que le roi Priam réduit, dans sa vieillesse, à baiser *les mains meurtrières* d'Achille, qui ont arraché la vie à ses enfants (1) ? Il lui demande, pour unique adoucissement de ses maux, le corps du grand Hector. Il aurait gâté tout, s'il eût donné le moindre ornement à ses paroles : aussi n'expriment-elles que sa douleur. Il le conjure, par son père accablé de vieillesse, d'avoir pitié du plus infortuné de tous les pères (2).

Le bel esprit a le malheur d'affaiblir les grandes passions où il prétend orner (3). C'est peu, selon Horace, qu'un poëme soit beau et brillant ; il faut qu'il soit touchant, aimable, et par conséquent simple, naturel et passionné :

> Non satis est pulchra esse poemata : dulcia sunto,
> Et quocumque volent, animum auditoris agunto (4).

Le beau qui n'est que beau, c'est-à-dire brillant, n'est beau qu'à demi : il faut qu'il exprime les passions pour les inspirer ; il faut qu'il s'empare du cœur pour le tourner vers le but légitime d'un poëme.

---

(1) *Iliade,* liv. XXIV. (V.)

(2)   Μνῆσαι πατρὸς σοῖο, θεοῖς ἐπιείκελ' Ἀχιλλεῦ,
      Τηλίκου, ὥσπερ ἐγὼν, ὀλοῷ ἐπὶ γήραος οὐδῷ.
                 Il., liv. xxiv, v. 486-487. (A. D.)

(3) Où il prétend *orner*, c'est-à-dire mettre des ornements. Orner ne s'emploie plus sans régime. (A. D.)

(4) Horat., *de Arte poet.*, v. 99, 100.

> Oui, ce n'est point assez des beautés éclatantes ;
> Il faut connaître aussi ces beautés plus puissantes
> Qui pénètrent nos cœurs, doucement entraînés.
>
>   DARU. (V.)

VI. Projet d'un traité sur la Tragédie.

Il faut séparer d'abord la tragédie d'avec la comédie.
L'une représente les grands événements qui excitent les
violentes passions ; l'autre se borne à représenter les
mœurs des hommes dans une condition privée.

Pour la tragédie, je dois commencer en déclarant que
je ne souhaite point qu'on perfectionne les spectacles où
l'on ne représente les passions corrompues que pour les
allumer. Nous avons vu que Platon et les sages législateurs du paganisme rejetaient loin de toute république
bien policée les fables et les instruments de musique, qui
pouvaient amollir une nation par le goût de la volupté.
Quelle devrait donc être la sévérité des nations chrétien-
nes contre les spectacles contagieux ! Loin de vouloir
qu'on perfectionne de tels spectacles, je ressens une véritable joie de ce qu'ils sont chez nous imparfaits en leur
genre. Nos poëtes les ont rendus languissants, fades et
douceureux comme les romans. On n'y parle que de feux ,
de chaînes, de tourments. On y veut mourir en se portant
bien (1). Une personne très-imparfaite est nommée un soleil , ou tout au moins une aurore ; ses yeux sont deux
astres (2). Tous les termes sont outrés , et rien ne montre une vraie passion. Tant mieux ; la faiblesse du poison
diminue le mal. Mais il me semble qu'on pourrait donner
aux tragédies une merveilleuse force, suivant les idées
très-philosophiques de l'antiquité, sans y mêler cet amour
volage et déréglé qui fait tant de ravages.

Chez les Grecs, la tragédie était entièrement indépen-
dante de l'amour profane. Par exemple, l'*Œdipe* de Sophocle n'a aucun mélange de cette passion étrangère au sujet.

---

(1) C'est la critique [que l'on a faite aussi des troubadours, qui
chantent leur *souffrance* dans un *joyeux* rondel, et qui *meurent* à
chaque instant de leur *vie*. (A. D.)

(2) Boileau et Molière se sont encore moqués plus agréablement
de ces défauts. (A. D.)

Les autres tragédies de ce grand poëte sont de même (1).
M. Corneille n'a fait qu'affaiblir l'action, que la rendre
double, et que distraire le spectateur, dans son *Œdipe*,
par l'épisode d'un froid amour de Thésée pour Dircé. M. Racine est tombé dans le même inconvénient (2) en compo-
sant sa *Phèdre :* il a fait un double spectacle, en joignant
à Phèdre furieuse Hippolyte soupirant, contre son vrai caractère. Il fallait laisser Phèdre toute seule dans sa fureur;
l'action aurait été unique, courte, vive et rapide. Mais nos
deux poëtes tragiques, qui méritent d'ailleurs les plus grands
éloges, ont été entraînés par le torrent; ils ont cédé au goût
des pièces romanesques, qui avaient prévalu. La mode du
bel esprit faisait mettre de l'amour partout; on s'imaginait
qu'il était impossible d'éviter l'ennui pendant deux heu-
res, sans le secours de quelque intrigue galante ; on croyait
être obligé à s'impatienter dans le spectacle le plus grand
et le plus passionné, à moins qu'un héros langoureux ne
vînt l'interrompre; encore fallait-il que ses soupirs fussent
ornés de pointes, et que son désespoir fût exprimé par des
espèces d'épigrammes. Voilà ce que le désir de plaire au
public arrache aux plus grands auteurs, contre les règles. De là vient cette passion si façonnée :

> Impitoyable soif de gloire ,
> Dont l'aveugle et noble transport
> Me fait précipiter ma mort
> Pour faire vivre ma mémoire ;
> Arrête pour quelques moments
> Les impétueux sentiments
> De cette inexorable envie ,
> Et souffre qu'en ce triste et favorable jour,
> Avant que de donner ma vie,
> Je donne un soupir à l'amour (3).

On n'osait mourir de douleur sans faire des pointes et

---

(1) On voit, par cette seule observation, que notre théâtre n'est pas
servilement imité des Grecs. (A. D.)

(2) Tout le monde ne sera pas ici de l'avis de Fénelon. La passion
chaste et pure d'Hippolyte pour Aricie est un des ressorts les plus
heureux de la tragédie de Racine , et forme un contraste qui repose
doucement l'âme des *fureurs* de Phèdre. (A. D.)

(3) Corn., *Œdipe,* act. III, sc. I. (V.)

des jeux d'esprit en mourant. De là vient ce désespoir
si ampoulé et si fleuri :

> Percé jusques au fond du cœur
> D'une atteinte imprévue aussi bien que mortelle,
> Misérable vengeur d'une juste querelle,
> Et malheureux objet d'une injuste rigueur (1)...

Jamais douleur sérieuse ne parla un langage si pompeux
et si affecté.

Il me semble qu'il faudrait aussi retrancher de la tragédie une vaine enflure, qui est contre toute vraisemblance. Par exemple, ces vers ont je ne sais quoi d'outré :

> Impatients désirs d'une illustre vengeance
> A qui la mort d'un père a donné la naissance,
> Enfants impétueux de mon ressentiment,
> Que ma douleur séduite embrasse aveuglément,
> Vous régnez sur mon âme avecque trop d'empire :
> Pour le moins, un moment souffrez que je respire.
> Et que je considère, en l'état où je suis,
> Et ce que je hasarde et ce que je poursuis (2).

M. Despréaux trouvait dans ces paroles une généalogie
des *impatients désirs d'une illustre vengeance*, qui
étaient les *enfants impétueux* d'un noble *ressentiment*,
et qui étaient *embrassés* par une *douleur séduite*. Les
personnes considérables qui parlent avec passion dans
une tragédie doivent parler avec noblesse et vivacité;
mais on parle naturellement et sans ces tours si façonnés,
quand la passion parle. Personne ne voudrait être plaint
dans son malheur, par son ami, avec tant d'emphase (3)
M. Racine n'était pas exempt de ce défaut, que la coutume avait rendu comme nécessaire. Rien n'est moins
naturel que la narration de la mort d'Hippolyte (4) à la

---

(1) Corn., *le Cid*, act. I, sc. X. (V.)
(2) Corn., *Cinna*, act. I, sc. I. (V.)
(3) Il y a bien quelques fautes de détails dans la poésie de Corneille, et spécialement dans les vers que Fénelon vient de citer
Mais il est ici jugé avec beaucoup trop de sévérité. (V.)
(4) La Harpe défend ici Racine. « Il est indubitable, dit-il, qu'il y a
du bon dans ce morceau, d'ailleurs si beau ; mais ce qui est de trop

fin de la tragédie de *Phèdre*, qui a d'ailleurs de grandes beautés. Théramène, qui vient pour apprendre à Thésée la mort funeste de son fils, devrait ne dire que ces deux mots, et manquer même de force pour les prononcer distinctement : « Hippolyte est mort. Un monstre, envoyé « du fond de la mer par la colère des dieux, l'a fait périr. « Je l'ai vu. » Un tel homme, saisi, éperdu, sans haleine, peut-il s'amuser à faire la description la plus pompeuse et la plus fleurie de la figure du dragon ?

. . . .
L'œil morne maintenant et la tête baissée,
Semblaient se conformer à sa triste pensée, etc.
La terre s'en émeut, l'air en est infecté ;
Le flot qui l'apporta recule épouvanté (1)

Sophocle est bien loin de cette élégance si déplacée et si contraire à la vraisemblance ; il ne fait dire à OEdipe que des mots entrecoupés ; tout est douleur : ἰού, ἰού· αἴ, αἴ, αἴ, αἴ· φεῦ, φεῦ. C'est plutôt un gémissement ou un cri, qu'un discours : « Hélas ! hélas ! dit-il (2), tout est éclairci. « O lumière, je te vois maintenant pour la dernière « fois !... Hélas ! hélas ! malheur à moi ! Où suis-je, mal- « heureux ? Comment est-ce que la voix me manque tout « à coup ? O fortune, où êtes-vous allée ?... Malheureux ! « malheureux ! je ressens une cruelle fureur avec le sou- « venir de mes maux !... O amis, que me reste-t-il à voir, « à aimer, à entretenir, à entendre avec consolation ? O

se réduit à sept ou huit vers à retrancher, et à la description du monstre, qui est trop détaillée. Il est, d'ailleurs, très-naturel que Thésée, accablé d'abord par la nouvelle de la mort de son fils, veuille ensuite en apprendre les circonstances, et d'autant qu'elles sont autant de prodiges, effets de la colère des dieux, provoqués par les imprécations. Fénelon croit que Théramène ne doit pas avoir la force de faire ce récit, ni Thésée celle de l'entendre. C'est une double erreur : la douleur en pareil cas, dès qu'elle peut écouter, est avide de savoir ; et dès qu'elle peut parler, elle est éloquente. » Nous avons voulu mettre en opposition le sentiment de la Harpe avec celui de Fénelon, mais nous laissons à d'autres le soin de prononcer. (A. D.)

(1) Rac., *Phèdre*, act. V, sc. VI. (V.)
(2) *OEdipe*, act IV et VI (V.)

« amis, rejetez au plus tôt loin de vous un scélérat, un
« homme exécrable, objet de l'horreur des dieux et des
« hommes !... Périsse celui qui me dégagea de mes liens
« dans les lieux sauvages où j'étais exposé, et qui me
« sauva la vie ! Quel cruel secours ! Je serais mort avec
« moins de douleur pour moi et pour les miens ;... je ne
« serais ni le meurtrier de mon père, ni l'époux de ma
« mère. Maintenant je suis au comble du malheur. Misé-
« rable ! j'ai souillé mes parents, et j'ai eu des enfants de
« celle qui m'a mis au monde ! »

C'est ainsi que parle la nature, quand elle succombe à
la douleur : jamais rien ne fut plus éloigné des phrases
brillantes du bel esprit. Hercule et Philoctète parlent avec
la même douleur vive et simple dans Sophocle.

M. Racine, qui avait fort étudié les grands modèles de
l'antiquité, avait formé le plan d'une tragédie française
d'*Œdipe* suivant le goût de Sophocle, sans y mêler aucune intrigue postiche d'amour, et suivant la simplicité
grecque. Un tel spectacle pourrait être très-curieux, très-
vif, très-rapide, très-intéressant (1); il ne serait point
applaudi, mais il saisirait, il ferait répandre des larmes,
il ne laisserait pas respirer, il inspirerait l'amour des
vertus et l'horreur des crimes, il entrerait fort utilement
dans le dessein des meilleures lois ; la religion même la
plus pure n'en serait point alarmée ; on n'en retranche-
rait que de faux ornements qui blessent les règles.

Notre versification, trop gênante, engage souvent les
meilleurs poëtes tragiques à faire des vers chargés d'é-
pithètes pour attraper la rime. Pour faire un bon vers,
on l'accompagne d'un autre vers faible qui le gâte. Par
exemple, je suis charmé quand je lis ces mots :

Qu'il mourût (2).

---

(1) Voltaire lui-même était de ce sentiment. Pour d'autres motifs
que Fénelon, il trouvait que l'amour tenait trop de place dans
notre théâtre, et qu'on n'y avait point assez développé les autres
passions. (A. D.)

(2) Corn., *Horace,* act. III, sc. VI. (V.)

mais je ne puis souffrir le vers (1) que la rime amène
aussitôt :

> Ou qu'un beau désespoir alors le secourût.

Les périphrases outrées de nos vers n'ont rien de naturel ;
elles ne représentent point des hommes qui parlent en
conversation sérieuse, noble et passionnée. On ôte au
spectateur le plus grand plaisir du spectacle, quand on en
ôte cette vraisemblance.

J'avoue que les anciens donnaient quelque hauteur de
langage au cothurne :

> An tragica desævit, et ampullatur in arte (2)?

mais il ne faut point que le cothurne altère l'imitation
de la vraie nature ; il peut seulement la peindre en beau
et en grand. Mais tout homme doit toujours parler hu-
mainement : rien n'est plus ridicule pour un héros, dans
les plus grandes actions de sa vie, que de ne joindre pas
à la noblesse et à la force une simplicité qui est très-oppo-
sée à l'enflure :

> Projicit ampullas, et sesquipedalla verba (3).

Il suffit de faire parler Agamemnon avec hauteur, Achille
avec emportement, Ulysse avec sagesse, Médée avec fureur. Mais le langage fastueux et outré dégrade tout :
plus on représente de grands caractères et de fortes passions, plus il faut y mettre une noble et véhémente simplicité.

Il me paraît même qu'on a donné souvent aux Romains

---

(1) Voltaire fut encore de l'avis de Fénelon. Mais la Harpe com
bat vivement cette opinion, bien qu'elle soit devenue l'opinion
commune. (V. *Cours de littérature*, tome V, p. 227.) (A. D.)

(2) Horat., *Epist.*, lib. I, III, v. 14. (V.)

(3) *De Arte poet.*, v. 97.

> Doit bannir loin de soi l'enflure et les grands mots.
>
> DARU. (V.)

un discours trop fastueux : ils pensaient hautement, mais ils parlaient avec modération. C'était le peuple roi, il est vrai, *populum late regem* (1); mais ce peuple était aussi doux pour les manières de s'exprimer dans la société qu'appliqué à vaincre les nations jalouses de sa puissance :

Parcere subjectis, et debellare superbos (2).

Horace a fait le même portrait en d'autres termes

Imperet, bellante prior, jacentem
Lenis in hostem (3).

Il ne paraît point assez de proportion entre l'emphase avec laquelle Auguste parle dans la tragédie de *Cinna* (4), et la modeste simplicité avec laquelle Suétone nous le dépeint dans tout le détail de ses mœurs. Il laissait encore à Rome une si grande apparence de l'ancienne liberté de la république, qu'il ne voulait point qu'on le nommât SEIGNEUR.

« Domini appellationem et maledictum et opprobrium semper exhorruit. Quum, spectante eo ludos, pronuntiatum esset in mimo, *O dominum æquum et bonum !* et universi quasi de se ipso dictum exultantes comprobassent; et statim manu vultuque indecoras adulationes re-

---

(1) Virg., *Æneid.*, 1, v. 23. (V.)
(2) Virg., *Æneid.*, VI, v. 853.

Donne aux vaincus la paix, aux rebelles des fers.
DELILLE. (V.)

(3) Horat., *Carm. secul.*, v. 51, 52.

Que le fils glorieux d'Anchise et de Vénus
Soumette l'ennemi rebelle,
Et montre sa clémence aux ennemis vaincus.
DARU. (V.)

(4) Fénelon juge encore ici bien sévèrement le grand Corneille. Le langage d'Auguste, dans *Cinna*, est aussi simple qu'il peut l'être dans une tragédie. La simplicité et le naturel du *théâtre* ne sont toujours, il faut bien l'avouer, qu'une simplicité et un naturel *de convention*. (A. D.)

pressit ; et insequenti die gravissimo corripuit edicto , dominumque se posthac appellari ne a liberis quidem aut nepotibus suis , vel serio , vel joco , passus est... In consulatu pedibus fere , extra consulatum sæpe adoperta sella per publicum incessit. Promiscuis salutationibus admittebat et plebem... Quoties magistratuum comitiis interesset, tribus cum candidatis suis circuibat, supplicabatque more solenni. Ferebat et ipse suffragium in tribu , ut unus e populo... Filiam et neptes ita instituit, ut etiam lanificio assuefaceret... Habitavit in ædibus modicis Hortensianis, neque laxitate neque cultu conspicuis, ut in quibus porticus breves essent... et sine marmore ullo aut insigni pavimento conspicuæ : ac per annos amplius quadraginta eodem cubiculo hieme et æstate mansit... Instrumenti ejus et supellectilis parcimonia apparet etiam nunc residuis lectis atque mensis, quorum pleraque vix privatæ elegantiæ sint... Veste non temere alia quam domestica usus est, ab uxore et sorore et filia neptibusque confecta... Cœnam trinis ferculis, aut, quum abundantissime, senis, præbebat, ut non nimio sumptu, ita summa comitate... Cibi minimi erat, atque vulgaris fere (1), etc. »

(1) Sueton., *August.*, 53, 56, 64, 72, 73, 74, 76.

Il rejeta toujours le nom de *seigneur*, comme une injure et un opprobre. Un jour qu'il était au théâtre, un acteur ayant prononcé ce vers ,

O le maître clément ! ô le maître équitable ,

tout le peuple le lui appliqua, et battit des mains avec transport. Il fit cesser ces acclamations indécentes par des gestes d'indignation. Le lendemain, il réprimanda sévèrement le peuple dans un édit, et défendit qu'on l'appelât jamais du nom de seigneur. Il ne le permettait pas même à ses enfants, ni sérieusement, ni en badinant... Lorsqu'il était consul, il marchait ordinairement à pied ; lorsqu'il ne l'était pas, il se faisait porter dans une litière ouverte, et laissait approcher tout le monde, même le bas peuple... Toutes les fois qu'il assistait aux comices, il parcourait les tribus avec les candidats qu'il protégeait, et demandait les suffrages dans la forme ordinaire : il donnait lui-même le sien à son rang, comme un simple citoyen... Il éleva sa fille et ses petites-filles avec la plus grande simplicité, jusqu'à leur faire apprendre à filer... Il occupa la maison d'Hortensius : elle n'était ni grande ni ornée ; les galeries en étaient étroites

La pompe et l'enflure conviennent beaucoup moins à ce qu'on appelait la *civilité romaine*, qu'au faste d'un roi de Perse. Malgré la rigueur de Tibère, et la servile flatterie où les Romains tombèrent de son temps et sous ses successeurs, nous apprenons de Pline que Trajan vivait encore, en bon et sociable citoyen, dans une aimable familiarité. Les réponses de cet empereur sont courtes, simples, précises, éloignées de toute enflure. Les bas-reliefs de sa colonne le représentent toujours dans la plus modeste attitude, lors même qu'il commande aux légions. Tout ce que nous voyons dans Tite-Live, dans Plutarque, dans Cicéron, dans Suétone, nous représente les Romains comme des hommes hautains (1) par leurs sentiments, mais simples, naturels, et modestes dans leurs paroles; ils n'ont aucune ressemblance avec les héros bouffis et empesés de nos romans. Un grand homme ne déclame point en comédien, il parle en termes forts et précis dans une conversation : il ne dit rien de bas, mais il ne dit rien de façonné et de fastueux :

> Ne quicumque deus, quicumque adhibebitur heros,
> Regali conspectus in auro nuper et ostro,
> Migret in obscuras humili sermone tabernas;
> Aut, dum vitat humum, nubes et inania captet...
> Ut festis (2), etc.

et de pierre commune; ni marbre ni marqueterie dans les cabinets et les salles à manger. Il coucha dans la même chambre pendant quarante ans, hiver et été... On peut juger de son économie dans l'ameublement par des lits et des tables qui subsistent encore, et qui sont à peine dignes d'un particulier aisé... Il ne mit guère d'autres habits que ceux que lui faisaient sa femme, sa sœur et ses filles... Ses repas étaient ordinairement de trois services, et jamais de plus de six : la liberté y régnait, plus que la profusion... Il mangeait peu, et sa nourriture était extrêmement simple.　　LA HARPE. (V.)

(1) Aujourd'hui cette expression serait prise en mauvaise part.

(A. D.)

(2) Horat., de *Arte poet.*, v. 227-232.

> Ne laissez pas surtout ce grave personnage,
> Ce héros ou ce dieu, que, tout à l'heure encor,
> Nous avons admiré vêtu de pourpre et d'or,
> Prendre le ton des lieux où le peuple réside,
> Ou, de peur de ramper, se perdre dans le vide.

DARU. (V.)

La noblesse du genre tragique ne doit point empêcher que les héros mêmes ne parlent avec simplicité, à proportion de la nature des choses dont ils s'entretiennent :

Et tragicus plerumque dolet sermone pedestri (1).

VII. Projet d'un traité sur la Comédie.

La comédie représente les mœurs des hommes dans une condition privée; ainsi elle doit prendre un ton moins haut que la tragédie. Le socque est inférieur au cothurne; mais certains hommes, dans les moindres conditions, de même que dans les plus hautes, ont, par leur naturel, un caractère d'arrogance :

Iratusque Chremes tumido delitigat ore (2).

J'avoue que les traits plaisants d'Aristophane me paraissent souvent bas; ils sentent la farce faite exprès pour amuser et pour mener le peuple (3). Qu'y a-t-il de plus ridicule que la peinture d'un roi de Perse qui marche avec une armée de quarante mille hommes, pour aller sur une montagne d'or satisfaire aux infirmités de la nature?

Le respect de l'antiquité (4) doit être grand; mais je suis autorisé par les anciens contre les anciens mêmes. Horace m'apprend à juger de Plaute (5) :

(1) Horat., *de Arte poet.*, v. 95.

    Souvent la tragédie, avec simplicité,
    Exprime les douleurs dont l'âme est accablée.

                        DARU. (V.)

(2) *Ibid.*, v. 94.

    Quelquefois cependant, élevant son langage,
    Thalie en vers pompeux peint Chrémès irrité.

                        DARU. (V.)

(3) La Harpe juge encore plus sévèrement Aristophane. Nous avons dit ce qui avait égaré nos meilleurs critiques dans l'appréciation de ce poëte. (Voy. mon *Hist. de la littérature grecque*, p. 72 et suiv.) (A. D.)

(4) Il aurait fallu *pour l'antiquité*. (A. D.)

(5) Horace a été lui-même sévère jusqu'à l'injustice envers les pré-

At nostri proavi Plautinos et numeros, et
Laudavere sales, nimium patienter utrosque,
Ne dicam stulte, mirati; si modo ego et vos
Scimus inurbanum lepido seponere dicto (1).

Serait-ce la basse plaisanterie de Plaute que César aurait voulu trouver dans Térence : *vis comica?* Ménandre
avait donné à celui-ci un goût pur et exquis. Scipion et
Lélius, amis de Térence, distinguaient avec délicatesse
en sa faveur ce qu'Horace nomme *lepidum*, d'avec ce qui
est *inurbanum*. Ce poëte comique a une naïveté inimitable, qui plaît et qui attendrit par le simple récit d'un
fait très-commun :

Sic cogitabam : Hem, hic parvæ consuetudinis
Causa, mortem hujus tam fert familiariter :
Quid, si ipse amasset? quid mihi hic faciet patri?...
Effertur : imus (2), etc.

Rien ne joue mieux, sans outrer aucun caractère. La suite
est passionnée :

At at! hoc illud est.
Hinc illæ lacrumæ, hæc illa est misericordia (3).

miers poëtes latins. Molière, meilleur juge en pareille matière, trouvait dans Plaute cette *force comique*, *vis comica*, que César ne
trouvait pas dans Térence. (A. D.)

1) Horat., *de Arte poet.*, v. 270-274.

Nos pères, dont le goût n'était pas encor sûr,
Vantaient le sel de Plaute et son style assez dur ;
Mais nous, qui d'un bon mot distinguons la licence,...
Nous pouvons, sans manquer de respect envers eux,
De trop de complaisance accuser nos aïeux.
DARU. (V.)

(2) Terent., *Andr.*, act. I, sc. I.

Voici comment je raisonnais : Quoi! une faible liaison rend mon
fils aussi sensible à la mort de cette femme! Que serait-ce donc s'il
l'avait aimée? Comment s'affligerait-il, s'il perdait son père?... On
emporte le corps · nous marchons, etc.
LE MONNIER. (V.)

(3) *Ibid.*

Mais, mais c'est cela même. Le voilà le sujet de ses larmes ; le
voilà le sujet de sa compassion.
LE MONNIER. (V.)

Voici un autre récit où la passion parle toute seule ·

Memor essem! O Mysis, Mysis, etiam nunc mihi
Scripta illa dicta sunt in animo Chrysidis
De Glycerio. Jam ferme moriens, me vocat :
Accessi : vos semotæ, nos soli, incipit :
« Mi Pamphile, hujus formam atque ætatem vides , etc.
Quod ego per hanc te dextram oro, et ingenium tuum ;
Per tuam fidem , perque hujus solitudinem
Te obtestor, etc.
Te isti virum do, amicum, tutorem, patrem, » etc.
. . . .
Hanc mihi in manum dat, mors continuo ipsam occupat.
Accepi, acceptam servabo (1).

Tout ce que l'esprit ajouterait à ces simples et touchantes paroles ne ferait que les affaiblir. Mais en voici d'autres qui vont jusqu'à un vrai transport :

Neque virgo est usquam , neque ego, qui illam e conspectu
                amisi meo.
Ubi quæram? ubi investigem? quem perconter ? quam insis-
                tam viam ?
Incertus sum. Una hæc spes est : ubi ubi est, diu celari non
                potest (2).

Cette passion parle encore ici avec la même vivacité

Egone quid velim ?
Cum milite isto præsens , absens ut sies ;

(1) Terent., *Andr.*, act. I, sc. VI.

Que je songe à elle! Ah! Mysis, Mysis, elles sont encore gravées dans mon cœur les dernières paroles que m'adressa Chrysis en faveur de Glycérie. Prête à mourir, elle m'appelle ; j'approche : vous étiez éloignées, nous étions seuls. Elle me dit : « Mon cher Pamphile, vous voyez sa jeunesse et sa beauté... C'est par cette main que je vous présente, c'est par votre caractère et votre bonne foi, c'est par l'abandon où vous la voyez que je vous conjure, etc... Je vous la donne : soyez son époux, son ami, son tuteur, son père... » Elle met la main de Glycérie dans la mienne, et meurt. Je l'ai reçue, je la garderai.

                      LE MONNIER. (V.)

(2) Terent., *Eunuch.*, act. II, sc. IV.

La fille est perdue, et moi aussi, qui ne l'ai pas suivie des yeux. Où la chercher ? par où suivre ses pas? à qui m'informer ? quel chemin prendre ? Je n'en sais rien. Je n'ai qu'une espérance : en quelque endroit qu'elle soit , elle ne peut rester longtemps cachée.

                      LE MONNIER. (V.)

Dies noctesque me ames, me desideres,
Me somnies, me exspectes, de me cogites,
Me speres, me te oblectes, mecum tota sis :
Meus fac sis postremo animus, quando ego sum tuus (1).

Peut-on désirer un dramatique (2) plus vif et plus ingénu ?

Il faut avouer que Molière est un grand poëte comique. Je ne crains pas de dire qu'il a enfoncé plus avant que Térence dans certains caractères; il a embrassé une plus grande variété de sujets; il a peint par des traits forts presque tout ce que nous voyons de déréglé et de ridicule. Térence se borne à représenter des vieillards avares et ombrageux, de jeunes hommes prodigues et étourdis, des courtisanes avides et impudentes, des parasites bas et flatteurs, des esclaves imposteurs et scélérats. Ces caractères méritaient sans doute d'être traités suivant les mœurs des Grecs et des Romains. De plus, nous n'avons que six pièces de ce grand auteur. Mais enfin, Molière a ouvert un chemin tout nouveau. Encore une fois, je le trouve grand : mais ne puis-je pas parler en toute liberté sur ses défauts?

En pensant bien, il parle souvent mal; il se sert des phrases les plus forcées et les moins naturelles (3). Té-

(1) Terent., *Eunuch.*, act. I, sc. II.

Que pourrais-je désirer? Avec votre capitaine, tâchez d'en être toujours éloignée. Que jour et nuit je sois l'objet de vos désirs, de vos rêves, de votre attente, de vos pensées, de votre espérance, de vos plaisirs; soyez tout entière avec moi: enfin que votre âme soit la mienne, puisque la mienne est la vôtre.

LE MONNIER. (V.)

(2) *Un dramatique...* Expression inusitée. (A. D.)
(3) Molière mérite-t-il ce reproche? Est-il rien de plus simple et de plus naturel que son dialogue? Il se sert d'expressions forcées lorsque, par la nature même du sujet, l'expression doit être forcée, comme dans les *Précieuses ridicules*, dans certaines scènes du *Bourgeois gentilhomme* et du *Malade imaginaire*. Mais qui sait mieux que Molière être simple et naturel? (A. D.)

rence dit en quatre mots, avec la plus élégante simplicité,
ce que celui-ci ne dit qu'avec une multitude de métaphores qui approchent du galimatias. J'aime bien mieux
sa prose que ses vers (1). Par exemple, l'*Avare* est moins
mal écrit que les pièces qui sont en vers. Il est vrai que
la versification française l'a gêné; il est vrai même qu'il
a mieux réussi pour les vers dans l'*Amphitryon*, où il a
pris la liberté de faire des vers irréguliers. Mais, en général, il me paraît, jusque dans sa prose, ne parler point
assez simplement pour exprimer toutes les passions.

D'ailleurs, il a outré souvent les caractères: il a voulu,
par cette liberté, plaire au parterre, frapper les spectateurs les moins délicats, et rendre le ridicule plus sensible. Mais, quoiqu'on doive marquer chaque passion
dans son plus fort degré et par ses traits les plus vifs,
pour en mieux montrer l'excès et la difformité, on n'a
pas besoin de forcer la nature et d'abandonner le vraisemblable. Ainsi, malgré l'exemple de Plaute, où nous
lisons, *Cedo tertiam*, je soutiens, contre Molière, qu'un
avare qui n'est point fou ne va jamais jusqu'à vouloir
regarder dans la troisième main de l'homme qu'il soupçonne de l'avoir volé (2).

Un autre défaut de Molière, que beaucoup de gens
d'esprit lui pardonnent, et que je n'ai garde de lui par-
donner, est qu'il a donné un tour gracieux au vice, avec
une austérité ridicule et odieuse à la vertu. Je comprends
que ses défenseurs ne manqueront pas de dire qu'il a
traité avec honneur la vraie probité, qu'il n'a attaqué
qu'une vertu chagrine et qu'une hypocrisie détestable:

(1) Molière ne soignait pas beaucoup son style: la Bruyère et
Vauvenargues lui en ont fait des reproches. Mais chez lui le trait est
toujours si vif, l'expression si originale, que ces négligences mêmes
n'empêchent pas que, pour la forme aussi bien que pour le fond de
ses pièces, il ne soit un poëte du premier ordre. (A. D.)

(2) « L'avare de Plaute, examinant les mains de son valet, lui
dit: *Voyons la troisième*, ce qui est choquant. Molière a traduit
l'autre! ce qui est naturel, attendu que la précipitation de l'a-
vare a pu lui faire oublier qu'il a déjà examiné deux mains, et prendre celle-ci pour la seconde. » (*Marmontel.*) (A. D.)

mais, sans entrer dans cette longue discussion, je soutiens que Platon et les autres législateurs de l'antiquité païenne n'auraient jamais admis dans leurs républiques un tel jeu sur les mœurs.

Enfin, je ne puis m'empêcher de croire, avec M. Despréaux, que Molière, qui peint avec tant de force et de beauté les mœurs de son pays, tombe trop bas quand il imite le badinage de la comédie italienne :

> Dans ce sac ridicule où Scapin s'enveloppe,
> Je ne reconnais plus l'auteur du *Misanthrope* (1).

VIII. PROJET D'UN TRAITÉ SUR L'HISTOIRE.

Il est, ce me semble, à désirer, pour la gloire de l'Académie, qu'elle nous procure un traité sur l'Histoire. Il y a très-peu d'historiens qui soient exempts de grands défauts. L'histoire est néanmoins très-importante : c'est elle qui nous montre les grands exemples, qui fait servir les vices mêmes des méchants à l'instruction des bons, qui débrouille les origines, et qui explique par quel chemin les peuples ont passé d'une forme de gouvernement à une autre.

Le bon historien n'est d'aucun temps ni d'aucun pays : quoiqu'il aime sa patrie, il ne la flatte jamais en rien.

---

(1) Fénelon s'appuie naturellement ici du suffrage de Boileau (*Art poét.*, chant III); mais il y a quelque chose de trop partial dans le jugement de ces deux grands hommes sur certains ouvrages de notre premier poëte comique. Non-seulement pour plaire au peuple, mais encore pour montrer la flexibilité de son génie, Molière, après ses chefs-d'œuvre, a pu donner *les Fourberies de Scapin*, et autres pièces de ce genre. Lui faire un crime de ces *farces*, où il y a encore des scènes admirables, serait aussi injuste que si l'on reprochait au sévère Boileau d'avoir écrit *le Lutrin*, et à Fénelon d'avoir composé ses *Fables*. Boileau, ordinairement si heureux pour la justesse de l'expression, ne l'est pas dans ce vers satirique :

> Dans ce sac ridicule où Scapin s'enveloppe ;

car ce n'est pas Scapin qui *s'enveloppe*, mais bien qui *enveloppe* Géronte *dans le sac*. Cette scène elle-même est d'un comique achevé. (A. D.)

L'historien français doit se rendre neutre entre la France et l'Angleterre : il doit louer aussi volontiers Talbot que Duguesclin ; il rend autant de justice aux talents militaires du prince de Galles qu'à la sagesse de Charles V (1).

Il évite également le panégyrique et les satires : il ne mérite d'être cru qu'autant qu'il se borne à dire, sans flatterie et sans malignité, le bien et le mal. Il n'omet aucun fait qui puisse servir à peindre les hommes principaux et à découvrir les causes des événements ; mais il retranche toute dissertation où l'érudition d'un savant veut être étalée. Toute sa critique se borne à donner comme douteux ce qui l'est, et à en laisser la décision au lecteur, après lui avoir donné ce que l'histoire lui fournit. L'homme qui est plus savant qu'il n'est historien, et qui a plus de critique que de vrai génie, n'épargne à son lecteur aucune date, aucune circonstance superflue, aucun fait sec et détaché ; il suit son goût sans consulter celui du public ; il veut que tout le monde soit aussi curieux que lui des minuties vers lesquelles il tourne son insatiable curiosité. Au contraire, un historien sobre et discret laisse tomber les menus faits qui ne mènent le lecteur à aucun but important. Retranchez ces faits, vous n'ôtez rien à l'histoire : ils ne font qu'interrompre, qu'allonger, que faire une histoire, pour ainsi dire, hachée en petits morceaux, et sans aucun fil de vive narration. Il faut laisser cette superstitieuse exactitude aux compilateurs. Le grand point est de mettre d'abord le lecteur dans le fond des choses, de lui en découvrir les liaisons, et de se hâter de le faire arriver au dénoûment. L'histoire doit, en ce point, ressembler un peu au poëme épique :

> Semper ad eventum festinat, et in medias res, .

(1) N'est-ce point trop exiger de la nature humaine ? Par là même que nous aimons quelqu'un, nous nous arrêtons toujours avec u. e certaine complaisance sur ses mérites et ses belles actions. Ainsi, puisque l'historien doit aimer son pays, on ne peut demander de lui qu'il soit indifférent au bien ou au mal qui lui arrive. Il s'attachera moins à Talbot qu'à Duguesclin : s'il en était autrement, on serait en droit de suspecter son patriotisme. (A. D.)

Non secus ac notas, auditorem rapit ; et quæ
Desperat tractata nitescere posse, relinquit (1).

Il y a beaucoup de faits vagues qui ne nous apprennent que des noms et des dates stériles : il ne vaut guère mieux savoir ces noms que les ignorer. Je ne connais point un homme en ne connaissant que son nom. J'aime mieux un historien peu exact et peu judicieux, qui estropie les noms, mais qui peint naïvement tout le détail, comme Froissart, que les historiens qui me disent que Charlemagne tint son parlement à Ingelheim, qu'ensuite il partit, qu'il alla battre les Saxons, et qu'il revint à Aix-la-Chapelle ; c'est ne m'apprendre rien d'utile. Sans les circonstances, les faits demeurent comme décharnés . ce n'est que le squelette d'une histoire.

La principale perfection d'une histoire consiste dans l'ordre et dans l'arrangement. Pour parvenir à ce bel ordre, l'historien doit embrasser et posséder toute son histoire ; il doit la voir tout entière, comme d'une seule vue ; il faut qu'il la tourne et qu'il la retourne de tous les côtés, jusqu'à ce qu'il ait trouvé son véritable point de vue. Il faut en montrer l'unité, et tirer, pour ainsi dire, d'une seule source tous les principaux événements qui en dépendent : par là il instruit utilement son lecteur, il lui donne le plaisir de prévoir, il l'intéresse, il lui met devant les yeux un système des affaires de chaque temps, il lui débrouille ce qui en doit résulter, il le fait raisonner sans lui faire aucun raisonnement, il lui épargne beaucoup de redites, il ne le laisse jamais languir, il lui fait même une narration facile à retenir par la liaison des faits. Je répète, sur l'histoire, l'endroit d'Horace qui regarde le poëme épique :

(1) Horat., *de Arte poet.*, v. 148-150.

Le poëte d'abord de son sujet s'empare :
Il nous jette au milieu de grands événements,
Nous supposant instruits de leurs commencements.
Il bannit avec soin de son heureux ouvrage
Ce qu'il ne peut parer des grâces du langage.

DARU. (V.)

Ordinis hæc virtus erit et venus, aut ego fallor,
Ut jam nunc dicat, jam nunc debentia dici;
Pleraque differat, et præsens in tempus omittat (1).

Un sec et triste faiseur d'annales ne connaît point d'autre ordre que celui de la chronologie : il répète un fait toutes les fois qu'il a besoin de raconter ce qui tient à ce fait; il n'ose ni avancer ni reculer aucune narration. Au contraire, l'historien qui a un vrai génie choisit sur vingt endroits celui où un fait sera mieux placé, pour répandre la lumière sur tous les autres. Souvent un fait montré par avance de loin débrouille tout ce qui le prépare. Souvent un autre fait sera mieux dans son jour étant mis en arrière; en se présentant plus tard, il viendra plus à propos pour faire naître d'autres événements. C'est ce que Cicéron compare au soin qu'un homme de bon goût prend pour placer de bons tableaux dans un jour avantageux : *Videtur tanquam tabulas bene pictas collocare in bono lumine* (2).

Ainsi un lecteur habile a le plaisir d'aller sans cesse en avant sans distraction, de voir toujours un événement sortir d'un autre, et de chercher la fin, qui lui échappe pour lui donner plus d'impatience d'y arriver. Dès que sa lecture est finie, il regarde derrière lui, comme un voyageur curieux qui, étant arrivé sur une montagne, se tourne, et prend plaisir à considérer de ce point de vue tout le chemin qu'il a suivi, et tous les beaux endroits qu'il a traversés (3).

(1) *De Arte poet.*, v. 42-44.

L'ordre, à mes yeux, Pisons, est lui-même une grâce :
L'esprit judicieux veut tout voir à sa place.
Habile à bien choisir, préférez, rejetez,
Et montrez à propos ce que vous présentez:
Le choix du lieu, du temps, absout la hardiesse.

DARU. (V.)

(2) *De claribus Oratoribus*, c. LXXV, n. 261. (V.)

(3) Ces considérations magnifiques sont d'autant plus dignes d'attention, que l'histoire n'était point ainsi conçue au XVIIᵉ siècle. A part Bossuet, qui ouvrit une route nouvelle, les historiens n'étaient généralement que des compilateurs et des annalistes. Le génie de

Une circonstance bien choisie, un mot bien rapporté, un geste qui a rapport (1) au génie ou à l'humeur d'un homme, est un trait original et précieux dans l'histoire : il vous met devant les yeux cet homme tout entier. C'est ce que Plutarque et Suétone ont fait parfaitement. C'est ce qu'on trouve avec plaisir dans le cardinal d'Ossat (2) : vous croyez voir Clément VIII, qui lui parle tantôt à cœur ouvert, et tantôt avec réserve.

Un historien doit retrancher beaucoup d'épithètes superflues et d'autres ornements du discours : par ce retranchement, il rendra son histoire plus courte, plus vive, plus simple, plus gracieuse. Il doit inspirer, par une pure narration, la plus solide morale, sans moraliser : il doit éviter les sentences comme de vrais écueils. Son histoire sera assez ornée pourvu qu'il y mette, avec le véritable ordre, une diction claire, pure, courte et noble. *Nihil est in historia,* dit Cicéron (3), *pura et illustri brevitate dulcius.* L'histoire perd beaucoup à être parée. Rien n'est plus digne de Cicéron que cette remarque sur les Commentaires de César (4) :

« Commentarios quosdam scripsit rerum suarum, valde quidem probandos : nudi enim sunt, recti et venusti, omni ornatu orationis tanquam veste detracta. Sed, dum voluit alios habere parata unde sumerent qui vellent scribere historiam, ineptis gratum fortasse fecit qui volunt

Fénelon embrassa la science historique sous un autre aspect ; et dans ces pages admirables il trace une méthode nouvelle, que les investigations les plus récentes n'ont fait que justifier. (A. D.)

(1) Légère négligence de style dans ces deux mots si près l'un de l'autre, *rapporté* et *rapport.* Au reste, les élèves pourront méditer avec fruit tout ce morceau sur *l'histoire,* que Fénelon juge bien mieux qu'il n'a pu, du haut de la chaire évangélique, juger les profanes amusements du théâtre. (A. D.)

(2) Le cardinal d'Ossat fut un des grands hommes du xvie siècle. C'est surtout à ses *Lettres* qu'il doit sa réputation classique comme diplomate. On y trouve tracé, avec une supériorité remarquable, le caractère de tous les hommes de son temps. (A. D.)

(3) *De claris Oratoribus,* cap. LXXV, n. 262. (V.)

(4) *Ibid.* (V.)

illa calamistris inurere, sanos quidcm homines a scriben-
do deterruit (1). »

Un bel esprit méprise une histoire *nue; il* veut l'habil-
ler, l'orner de broderie, et la *friser*. C'est une erreur,
ineptis. L'homme judicieux et d'un goût exquis désespère
d'ajouter rien de beau à cette nudité si noble et si majes-
tueuse (2).

Le point le plus nécessaire et le plus rare pour un historien, est qu'il sache exactement la forme du gouvernement et le détail des mœurs de la nation dont il écrit l'histoire, pour chaque siècle. Un peintre qui ignore ce qu'on
nomme *il costume* ne peint rien avec vérité. Les peintres
de l'école lombarde, qui ont d'ailleurs si naïvement re-
présenté la nature, ont manqué de science en ce point :
ils ont peint le grand prêtre des Juifs comme un pape, et
les Grecs de l'antiquité comme les hommes qu'ils voyaient
en Lombardie. Il n'y aurait néanmoins rien de plus faux
et de plus choquant que de peindre les Français du temps
de Henri II avec des perruques et des cravates, ou de
peindre les Français de notre temps avec des barbes et
des fraises (3). Chaque nation a ses mœurs, très-différen-
tes de celles des peuples voisins. Chaque peuple change
souvent pour ses propres mœurs. Les Perses, pendant
l'enfance de Cyrus, étaient aussi simples que les Mèdes
leurs voisins étaient mous et fastueux (4). Les Perses pri-

(1) Il a écrit, sur ses actions, des Commentaires d'un très-grand
mérite. Ils sont *nus*, simples, gracieux, entièrement dépouillés des
ornements et en quelque sorte des habits de l'art. Et tandis qu'il a
voulu, par là, fournir à d'autres des matériaux pour écrire une
histoire, peut-être a-t-il fait plaisir aux gens sans goût qui voudront
les orner de parures affectées; mais il a tellement effrayé les hommes judicieux, qu'ils n'oseront les embellir. (V.)

(2) Montesquieu reproche aussi à Tite-Live d'avoir trop orné ces
fiers Romains et ces rudes Carthaginois, dont il raconte les actions.
« J'aurais mieux aimé, dit-il, qu'il ne répandit pas de fleurs sur ces
colosses. » (A. D.)

(3) Ce défaut fut celui de tous nos anciens historiens. M. Augustin Thierry l'a relevé parfaitement dans ses *Lettres sur l'histoire
de France*. (A. D.)

(4) Xen., *Cyropæd.*, lib. 1, cap. II. (V.)

rent dans la suite cette mollesse et cette vanité. Un historien montrerait une ignorance grossière, s'il représentait les repas de Curius ou de Fabricius comme ceux de Lucullus ou d'Apicius. On rirait d'un historien qui parlerait de la magnificence de la cour des rois de Lacédémone, ou de celle de Numa. Il faut peindre la puissante et heureuse pauvreté des anciens Romains :

Parvoque potentem (1), etc.

Il ne faut pas oublier combien les Grecs étaient encore simples et sans faste du temps d'Alexandre, en comparaison des Asiatiques : le discours de Charidème à Darius (2) le fait assez voir. Il n'est point permis de représenter la maison très-simple où Auguste vécut quarante ans, avec la maison d'or que Néron fit faire bientôt après :

Roma domus fiet : Veios migrate, Quirites,
Si non et Veios occupat ista domus (3).

Notre nation ne doit point être peinte d'une façon uniforme : elle a eu des changements continuels. Un historien qui représentera Clovis environné d'une cour polie, galante et magnifique, aura beau être vrai dans les faits particuliers ; il sera faux pour le fait principal des mœurs de toute la nation. Les Francs n'étaient alors qu'une troupe errante et farouche, presque sans lois et sans police, qui ne faisait que des ravages et des invasions : il ne faut pas confondre les Gaulois, polis par les Romains, avec ces Francs si barbares. Il faut laisser voir un rayon de politesse naissante sous l'empire de Charlemagne (4) ; mais

---

(1) Virg., *Æneid.*, VI, v. 843. (V.)
(2) Quint. Curt., lib. III, c. 11. (V.)
(3) Suet., *Ner.*, n. 39.

Rome ne sera bientôt plus qu'une maison : Romains, retirez-vous à Véies, pourvu que cette maison n'envahisse pas aussi Véies. (V.)

(4) Fénelon nous apprend, dans une lettre à M. de Beauvilliers, qu'il avait écrit une *Histoire de Charlemagne*. Malheureusement cet ouvrage est perdu. Il eût été curieux de voir à l'œuvre celui qui comprenait si bien les devoirs de l'historien. (A. D.)

elle doit s'évanouir d'abord. La prompte chute de sa maison replongea l'Europe dans une affreuse barbarie. Saint Louis fut un prodige de raison et de vertu dans un siècle de fer. A peine sortons-nous de cette longue nuit. La résurrection des lettres et des arts a commencé en Italie, et a passé en France fort tard. La mauvaise subtilité du bel esprit en a retardé le progrès.

Les changements dans la forme du gouvernement d'un peuple doivent être observés de près. Par exemple, il y avait d'abord chez nous des terres *saliques*, distinguées des autres terres, et destinées aux militaires de la nation. Il ne faut jamais confondre les comtés *bénéficiaires* du temps de Charlemagne, qui n'étaient que des emplois personnels, avec les comtés *héréditaires*, qui devinrent sous ses successeurs des établissements de famille. Il faut distinguer les parlements de la seconde race, qui étaient les assemblées de la nation, d'avec les divers parlements établis par les rois de la troisième race, dans les provinces, pour juger les procès des particuliers. Il faut connaître l'origine des fiefs, le service des feudataires, l'affranchissement des serfs, l'accroissement des communautés, l'élévation du tiers état, l'introduction des clercs praticiens pour être les conseillers des nobles peu instruits des lois, et l'établissement des troupes à la solde du roi pour éviter les surprises des Anglais établis au milieu du royaume (1). Les mœurs et l'état de tout le corps de la nation ont changé d'âge en âge. Sans remonter plus haut, le changement des mœurs est presque incroyable depuis le règne de Henri IV. Il est cent fois plus important d'observer ces changements de la nation entière, que de rapporter simplement des faits particuliers.

Si un homme éclairé s'appliquait à écrire sur les règles de l'histoire, il pourrait joindre les exemples aux préceptes ; il pourrait juger des historiens de tous les siècles ; il

(1) Toutes ces questions ont été depuis quelque temps profondément étudiées. Mais tous les historiens de la France qui ont vécu avant cette époque ne s'en étaient presque pas occupés. Ils faisaient la biographie des rois, sans s'inquiéter de la nation. (A. D.)

pourrait remarquer qu'un excellent historien est peut-être encore plus rare qu'un grand poëte.

Hérodote, qu'on nomme le père de l'histoire, raconte parfaitement; il a même de la grâce par la variété des matières : mais son ouvrage est plutôt un recueil de relations de divers pays, qu'une histoire qui ait de l'unité avec un véritable ordre (1).

Xénophon n'a fait qu'un journal dans sa *Retraite des Dix Mille :* tout y est précis et exact, mais uniforme (2). Sa *Cyropédie* est plutôt un roman de philosophie, comme Cicéron l'a cru, qu'une histoire véritable.

Polybe est habile (3) dans l'art de la guerre et dans la politique; mais il raisonne trop, quoiqu'il raisonne très bien. Il va au delà des bornes d'un simple historien : il développe chaque événement dans sa cause ; c'est une anatomie exacte. Il montre, par une espèce de mécanique, qu'un tel peuple doit vaincre un tel autre peuple, et qu'une telle paix faite entre Rome et Carthage ne saurait durer.

Thucydide et Tite-Live ont de très-belles harangues; mais, selon les apparences, ils les composent au lieu de les rapporter. Il est très-difficile qu'ils les aient trouvées telles dans les originaux du temps (4). Tite-Live savait beaucoup moins exactement que Polybe la guerre de son siècle.

Salluste a écrit avec une noblesse et une grâce sin-

(1) L'histoire d'Hérodote est un drame qui a son unité. Mais comme cette unité est purement artificielle, on n'en est pas tout d'abord frappé. (A. D.)

(2) L'*Anabase*, au moins dans l'une de ses parties, n'est-elle pas un vrai tableau plein de mouvement et d'intérêt? (A. D.)

(3) Cet historien a, de plus, un mérite fort rare : c'est qu'il avait eu soin de visiter tous les lieux qu'il décrit, tous les pays dont il parle. Fénelon appelle *une espèce de mécanique* la critique judicieuse de cet historien ; c'est le juger bien sévèrement : on ne peut, on ne doit pas même, dans l'histoire, s'interdire les réflexions lorsqu'elles sont justes et vraies ; seulement il faut en être sobre, et l'on ne saurait dire que Polybe les prodigue avec affectation. (A. D.)

(4) On peut s'étonner que Fénelon ait hésité à se prononcer sur ce point. (A. D.)

gulières : mais il s'est trop étendu en peintures des mœurs et en portraits des personnes dans deux histoires très-courtes (1).

Tacite montre beaucoup de génie, avec une profonde connaissance des cœurs les plus corrompus : mais il affecte trop une brièveté mystérieuse ; il est trop plein de tours poétiques dans ses descriptions ; il a trop d'esprit ; il raffine trop ; il attribue aux plus subtils ressorts de la politique ce qui ne vient souvent que d'un mécompte, que d'une humeur bizarre, que d'un caprice. Les plus grands événements sont souvent causés par les causes les plus méprisables. C'est la faiblesse, c'est l'habitude, c'est la mauvaise honte, c'est le dépit, c'est le conseil d'un affranchi qui décide, pendant que Tacite creuse pour découvrir les plus grands raffinements dans les conseils de l'empereur. Presque tous les hommes sont médiocres et superficiels pour le mal comme pour le bien (2). Tibère, l'un des plus méchants hommes que le monde ait vus, était plus entraîné par ses craintes que déterminé par un plan suivi.

D'Avila (3) se fait lire avec plaisir ; mais il parle comme s'il était entré dans les conseils les plus secrets. Un seul homme ne peut jamais avoir eu la confiance de tous les partis opposés. De plus, chaque homme avait quelque secret qu'il n'avait garde de confier à celui qui a écrit l'histoire. On ne sait la vérité que par morceaux. L'historien qui veut m'apprendre ce que je vois qu'il ne peut pas savoir, me fait douter sur les faits mêmes qu'il sait.

Cette critique des historiens anciens et modernes serait très-utile et très-agréable, sans blesser aucun auteur vivant.

(1) L'histoire de la *Conjuration de Catilina* et celle de la *Guerre de Jugurtha*. (A. D)
(2) Ces observations sont pleines de justesse. Les hommes les plus remarquables de nos jours ont été du sentiment de Fénelon. (A. D.)
(3) Il s'agit probablement ici de d'Avila, l'auteur de l'*Histoire des guerres civiles de France*. D'autres ont cru que Fénelon voulait parler d'un autre d'Avila qui écrivit les *Commentaires de la guerre d'Allemagne* par Charles-Quint contre les protestants. (A. D.)

IX. Réponse a une objection sur ces divers projets.

Voici une objection qu'on ne manquera pas de me faire. L'Académie, dira-t-on, n'adoptera jamais ces divers ouvrages sans les avoir examinés. Or, il n'est guère vraisemblable qu'un auteur, après avoir pris une peine infinie, veuille soumettre tout son ouvrage à la correction d'une nombreuse assemblée, où les avis seront peut-être partagés. Il n'y a donc guère d'apparence que l'Académie adopte ces ouvrages.

Ma réponse est courte. Je suppose que l'Académie ne les adoptera point. Elle se bornera à inviter les particuliers à ce travail. Chacun d'eux pourra la consulter dans ses assemblées. Par exemple, l'auteur de la Rhétorique y proposera ses doutes sur l'éloquence. MM. les académiciens lui donneront leurs conseils, et les opinions pourront être diverses. L'auteur en profitera selon ses vues, sans se gêner.

Les raisonnements qu'on ferait dans les assemblées sur de telles questions pourraient être rédigés par écrit dans une espèce de journal que M. le secrétaire composerait sans partialité. Ce journal contiendrait de courtes dissertations, qui perfectionneraient le goût et la critique. Cette occupation rendrait MM. les académiciens assidus aux assemblées (1). L'éclat et le fruit en seraient grands dans toute l'Europe.

X. Sur les anciens et les modernes.

Il est vrai que l'Académie pourrait se trouver souvent partagée sur ces questions (2) : l'amour des anciens dans

---

(1) On n'a jamais tenté de mettre à profit ces conseils. Nous n'en accusons personne, parce que l'on aurait sans doute rencontré dans leur application des difficultés insurmontables. (A. D.)

(2) La question des anciens et des modernes avait, en effet, divisé les savants en deux camps. Perrault ouvrit la campagne par son

les uns, et celui des modernes dans les autres, pourrait les empêcher d'être d'accord. Mais je ne suis nullement alarmé d'une guerre civile qui serait si douce, si polie et si modérée (1). Il s'agit d'une matière où chacun peut suivre en liberté son goût et ses idées. Cette émulation peut être utile aux lettres. Oserai-je proposer ici ce que je pense là-dessus ?

1° Je commence par souhaiter que les modernes surpassent les anciens. Je serais charmé de voir, dans notre siècle et dans notre nation, des orateurs plus véhéments que Démosthène, et des poëtes plus sublimes qu'Homère. Le monde, loin d'y perdre, y gagnerait beaucoup. Les anciens ne seraient pas moins excellents qu'ils l'ont toujours été, et les modernes donneraient un nouvel ornement au genre humain. Il resterait toujours aux anciens la gloire d'avoir commencé, d'avoir montré le chemin aux autres, et de leur avoir donné de quoi enchérir sur eux.

2° Il y aurait de l'entêtement à juger d'un ouvrage par sa date (2).

> . . . . . . Et, nisi quæ terris semota, suisque
> Temporibus defuncta videt, fastidit et odit...
> Si, quia Græcorum sunt antiquissima quæque
> Scripta vel optima . . . .
> Si meliora dies, ut vina, poemata reddit,
> Scire velim, pretium chartis quotus arroget annus...
> Qui redit ad fastos, et virtutem æstimat annis,
> Miraturque nihil, nisi quod Libitina sacravit...
> Si veteres ita miratur laudatque poetas,
> Ut nihil anteferat, nihil illis comparet, errat...

poëme intitulé *le Siècle de Louis le Grand.* Fontenelle et Lamotte se déclarèrent les ennemis des anciens. Racine et la Fontaine protestèrent contre les éloges outrés que Perrault donnait aux modernes ; Boileau lui répondit, et madame Dacier défendit Homère contre les rudes attaques de Lamotte. (A. D.)

(1) Malheureusement cette polémique, ou, si l'on veut, cette guerre, n'avait aucun de ces caractères. Les combattants se prodiguèrent les injures avant d'avoir épuisé les raisons. (A. D.)

(2) C'était un peu le tort de madame Dacier, l'illustre épouse de l'académicien auquel Fénelon adressait sa lettre. (A. D.)

Quod si tam Græcis novitas invisa fuisset
Quam nobis, quid nunc esset vetus? aut quid haberet
Quod legeret, tereretque viritim publicus usus (1)?

Si Virgile n'avait point osé marcher sur les pas d'Homère, si Horace n'avait pas espéré de suivre de près Pindare, que n'aurions-nous pas perdu! Homère et Pindare mêmes ne sont point parvenus tout à coup à cette haute perfection : ils ont eu sans doute avant eux d'autres poëtes qui leur avaient aplani la voie, et qu'ils ont enfin surpassés. Pourquoi les nôtres n'auraient-ils pas la même espérance? Qu'est-ce qu'Horace ne s'est point promis?

Dicam insigne, recens, adhuc
Indictum ore alio . . . .
Nil parvum aut humili modo,
Nil mortale loquar (2).

(1) Horat., *Epist.*, lib. II, I, v. 21-32.

. . . . . Tout ce qui respire, importunant ses yeux,
N'obtient de son orgueil que dédains odieux,
De tout ce qui respire idolâtre imbécile...
La Grèce eut, il est vrai, des chantres révérés,
Plus antiques toujours, toujours plus admirés...
Mais aux vers, comme au vin, si le temps donne un prix,
Faisons donc une loi pour juger les écrits ;
Sachons précisément quel doit être leur âge,
Pour obtenir des droits à notre juste hommage...
. . . . . Un homme, ennemi des vivants,
Qui juge du mérite en supputant les ans...
Ses préjugés souvent trompent son équité :
Il s'abuse, s'il croit, admirant nos ancêtres,
Qu'ils ne peuvent trouver de rivaux ni de maîtres...
Contre la nouveauté partageant cette envie,
Si la Grèce, moins sage, eût eu cette manie,
Où serait aujourd'hui la docte antiquité ?
Quels livres charmeraient la triste oisiveté ?
                                          DARU. (V.)

(2) Horat., *Od.*, lib. III, od. XXV, v. 7, 8, 17, 18.

Je dirai des choses sublimes, neuves, qu'une autre bouche n'a jamais proférées... Mes chants n'auront rien de faible, rien de rampant, rien de mortel.
                                          BINET. (V.)

Exegi monumentum ære perennius.

. . . .

Non omnis moriar, multaque pars mei (1), etc.

Pourquoi ne laissera-t-on pas dire de même à Malherbe ?

Apollon à portes ouvertes (2), etc.

3° J'avoue que l'émulation des modernes (3) serait dangereuse, si elle se tournait à mépriser les anciens et à négliger de les étudier. Le vrai moyen de les vaincre est de profiter de tout ce qu'ils ont d'exquis, et de tâcher de suivre encore plus qu'eux leurs idées sur l'imitation de la belle nature. Je crierais volontiers à tous les auteurs de notre temps que j'estime et que j'honore le plus :

> Vos, exemplaria græca
> Nocturna versate manu, versate diurna (4).

Si jamais il vous arrive de vaincre les anciens, c'est à eux-mêmes que vous devrez la gloire de les avoir vaincus.

4° Un auteur sage et modeste doit se défier de soi et des louanges de ses amis les plus estimables. Il est naturel que l'amour-propre le séduise un peu, et que l'amitié pousse un peu au delà des bornes l'admiration de ses

(1) Horat., *Od.*, lib. III, *od.* XXX, v. 1-6.

> Le noble monument que j'élève à ma gloire
> Durera plus longtemps que le marbre et l'airain...
> De moi-même à jamais la plus noble partie
> Bravera de Pluton le pouvoir odieux ;
> Sans mourir tout entier je quitterai la vie.
> DARU. (V.)

(2) Liv. III, *od.* XI, *A la reine Marie de Méd.*, v. 441. (V.)

(3) Les conseils que donne ici Fénelon peuvent trouver de nos jours, et même en tout temps, leur application. Mépriser le génie qui n'est plus, ce n'est pas créer le génie à venir ; c'est être seulement, selon l'expression si heureuse de M. Étienne, c'est être un *novateur rétrograde.* (A. D.)

(4) Horat., *de Arte poet.*, v. 268. 269.

> Les Grecs.... sont nos guides fidèles ;
> Feuilletez jour et nuit ces antiques modèles.
> DARU. (V.)

amis pour ses talents. Que doit-il donc faire si quelque
ami, charmé de ses écrits, lui dit :

> Nescio quid majus nascitur Iliade (1)?

Il n'en doit pas moins être tenté d'imiter le grand et sage
Virgile. Ce poëte voulait, en mourant, brûler son *Énéide*,
qui a instruit et charmé tous les siècles. Quiconque a vu
comme ce poète, d'une vue nette, le grand et le parfait,
ne peut se flatter d'y avoir atteint. Rien n'achève de remplir son idée et de contenter toute sa délicatesse. Rien
n'est ici-bas entièrement parfait :

> . . . . . Nihil est ab omni
> Parte beatum (2).

Ainsi, quiconque a vu le vrai parfait sent qu'il ne l'a pas
égalé; et quiconque se flatte de l'avoir égalé ne l'a pas
vu assez distinctement (3). On a un esprit borné avec un
cœur faible et vain, quand on est bien content de soi et
de son ouvrage. L'auteur content de soi est d'ordinaire
content tout seul :

> Quin sine rivali teque et tua solus amares (4)?

Un tel auteur peut avoir de rares talents; mais il faut
qu'il ait plus d'imagination que de jugement et de saine
critique. Il faut, au contraire, pour former un poëte égal
aux anciens, qu'il montre un jugement supérieur à l'imagination la plus vive et la plus féconde. Il faut qu'un au-

---

(1) Propert., lib. II, Eleg. ult.
Il va naître un chef-d'œuvre qui doit effacer l'*Iliade*. (V.)

(2) Horat., *Od.*, lib. II, *od.* XVI, v. 27, 28.
> Jamais, ô mon ami, le bonheur n'est parfait.
> DARU. (V.)

(3) Un critique moderne a dit, dans le même sens : Malheur à celui
qui est content de ce qu'il a écrit! (A. D.)

(4) *De Arte poet.*, v. 444.
> .... Un esprit indocile
> Admire, sans rival, sa personne et son style.
> DARU. (V.)

teur résiste à tous ses amis, qu'il retouche souvent ce qui a été déjà applaudi, et qu'il se souvienne de cette règle :

. . . . . . Nonumque prematur in annum (1).

5° Je suis charmé d'un auteur qui s'efforce de vaincre les anciens. Supposé même qu'il ne parvienne pas à les égaler, le public doit louer ses efforts, l'encourager, espérer qu'il pourra atteindre encore plus haut dans la suite, et admirer ce qu'il a déjà d'approchant des anciens modèles :

. . . . Feliciter audet (2).

Je voudrais que tout le Parnasse le comblât d'éloges :

Proxima Phœbi
Versibus ille facit (3). . . . . . .

Pastores, hedera crescentem ornate poetam (4).

Plus un auteur consulte avec défiance de soi sur un ouvrage qu'il veut encore retoucher, plus il est estimable :

. . . Hæc, quæ Varo necdum perfecta canebat (8).

(1) *De Arte poet.*, v. 388.
.... Que dans un sage oubli
Votre ouvrage, dix ans, demeure enseveli.
DARU. (V.)
(2) Horat., *Ep.*, lib. II, cp. I, v. 166. (V.)
(3) Virg., *Eclog.* VII, v. 22, 23.
Qu'il égale Codrus,
Lui dont les vers sont dictés par Phébus.
LA ROCHEFOUCAULD. (V.
(4) *Ibid.*, v. 25.
Bergers arcadiens, du lierre pâlissant
Venez ceindre le front d'un poète naissant !
TISSOT.
(8) *Ibid.*, IX, v. 26.
Mais il chantait alors en l'honneur de Varus,
Et ses vers imparfaits n'étaient pas moins connus.
LA ROCHEFOUCAULD. (V.)

J'admire un auteur qui dit de lui-même ces belles paroles :

> Nam neque adhuc Varo videor nec dicere Cinna
> Digna, sed argutos inter strepere anser olores (1).

Alors je voudrais que tous les partis se réunissent pour le louer :

> Utque viro Phœbi chorus assurrexerit omnis (2)

Si cet auteur est encore mécontent de soi, quoique le public en soit très-content, son goût et son génie sont au-dessus de l'ouvrage même pour lequel il est admiré.

6° Je ne crains pas de dire que les anciens les plus parfaits ont des imperfections : l'humanité n'a permis en aucun temps d'atteindre à une perfection absolue (3). Si j'étais réduit à ne juger des anciens que par ma seule critique, je serais timide en ce point. Les anciens ont un grand avantage : faute de connaître parfaitement leurs mœurs, leur langue, leur goût, leurs idées, nous marchons à tâtons en les critiquant : nous aurions été peut-être plus hardis censeurs contre eux, si nous avions été leurs contemporains. Mais je parle des anciens sur l'autorité des anciens mêmes. Horace, ce critique si pénétrant, et si charmé d'Homère, est mon garant, quand j'ose sou-

---

(1) Virg., *Eclog.*, IX, v. 35.
  Et j'ose me mêler au chantre de Varus,
  Comme l'oie importune, hôte des marécages,
  Aux doux accords du cygne unit ses cris sauvages.
  Donange. (V.)

(2) *Ibid.*, VI, v. 66.
  .... Qu'à son aspect
  Toute la cour du dieu se lève avec respect.
  Firmin Didot. (V.)

(3) Fénelon et Bossuet étaient l'un et l'autre doués d'un **admirable** génie. Mais ce qui rend leurs écrits immortels, c'est qu'ils évitent constamment tout esprit de système, et que le bon sens **est en** tout leur première règle. (A. D.)

tenir que ce grand poëte s'assoupit un peu quelquefois dans un long poëme :

....Quandoque bonus dormitat Homerus.
Verum opere in longo fas est obrepere somnum (1).

Veut-on, par une prévention manifeste, donner à l'antiquité plus qu'elle ne demande, et condamner Horace, pour soutenir, contre l'évidence du fait, qu'Homère n'a jamais aucune inégalité (2)?

7° S'il m'est permis de proposer ma pensée, sans vouloir contredire celle des personnes plus éclairées que moi, j'avouerai qu'il me semble voir divers défauts dans les anciens les plus estimables. Par exemple, je ne puis goûter les chœurs dans les tragédies; ils interrompent la vraie action. Je n'y trouve point une exacte vraisemblance, parce que certaines scènes ne doivent point avoir une troupe de spectateurs. Les discours du chœur sont souvent vagues et insipides. Je soupçonne (3) toujours que ces espèces d'intermèdes avaient été introduits avant que la tragédie eût atteint à une certaine perfection. De plus, je remarque dans les anciens des plaisanteries qui ne sont guère délicates. Cicéron, le grand Cicéron même, en fait de très-froides sur des jeux de mots. Je ne retrouve point Horace (4) dans cette petite satire :

---

1) Horat., *de Arte poet.*, v. 559-560.

    .... Je ne puis que gémir
De voir quelques instants Homère s'endormir :
Mais à tout grand ouvrage on doit de l'indulgence.
                          DARU. (V.)

(2) En écrivant à M. Dacier sur cette question délicate, Fénelon a l'adresse de lui donner les meilleurs conseils, et de réfuter tous les paradoxes qu'il avait soutenus, sans avoir l'air d'être d'un avis différent du sien. Cette lettre n'est pas seulement un modèle de bon goût, mais c'est encore un chef-d'œuvre de politesse. (A. D.)

(3) L'histoire de la tragédie grecque n'était pas encore suffisamment connue. Fénelon ne paraît pas s'être fait une juste idée de cette espèce de tragédie, et surtout de la manière dont elle était représentée. Pour ce motif, sa critique tombe à faux. (A. D.)

(4) Fénelon est ennemi des pointes d'esprit, et dès lors il doit condamner cette satire d'Horace; car elle est remplie de jeux de

Proscripti Regis Rupili pus atque venenum (1).

En la lisant on bâillerait, si on ignorait le nom de son
auteur. Quand je lis cette merveilleuse ode du même
poëte,

Qualem ministrum fulminis alitem (2),

je suis toujours attristé d'y trouver ces mots : *Quibus mos
unde deductus*, etc. Otez cet endroit, l'ouvrage demeure
entier et parfait. Dites qu'Horace a.voulu imiter Pindare
par cette espèce de parenthèse, qui convient au transport
de l'ode. Je ne dispute point; mais je ne suis pas assez touché de l'imitation pour goûter cette espèce de parenthèse,
qui paraît si froide et si postiche. J'admets un beau désor-
dre qui vient du transport, et qui a son art caché; mais
je ne puis approuver une distraction pour faire une remarque curieuse sur un petit détail; elle ralentit tout.
Les injures de Cicéron contre Marc-Antoine ne me paraissent nullement convenir à la noblesse et à la grandeur de
ses discours. Sa fameuse lettre à Lucceius (3) est pleine de
la vanité la plus grossière et la plus ridicule. On en trouve
à peu près autant dans les lettres de Pline le jeune. Les
anciens ont souvent une affectation qui tient un peu de
ce que notre nation nomme *pédanterie*. Il peut se faire
que, faute de certaines connaissances que la vraie religion et la physique nous ont données, ils admiraient
un peu trop diverses choses que nous n'admirons guère.

8° Les anciens les plus sages ont pu espérer, comme

mots, qui peut-être ne sont pas déplacés dans la querelle d'un Ru-
pilius Rex et d'un Persius; mais le goût sévère de Fénelon devait
proscrire ces vaines subtilités, et dire avec Boileau :

. . . . Laissons à l'Italie
De tous ces faux brillants l'éclatante folie. (A. D.)

(1) *Sat.*, lib. 1, *sat.* VII, v. 1. (V.)
(2) *Od.*, lib. IV, *od.* IV, v. 1. (V.)
(3) Cicéron le prie, dans cette lettre, d'écrire l'histoire de son
consulat et de l'orner, sans tenir un compte trop sévère de la vérité. (A. D.)

les modernes, de surpasser les modèles mis devant leurs
yeux. Par exemple, pourquoi Virgile n'aurait-il pas espéré de surpasser, par la descente d'Énée aux enfers,
dans son sixième livre, cette évocation des ombres qu'Homère nous représente (1) dans le pays des Cimmériens ?
Il est naturel de croire que Virgile, malgré sa modestie,
a pris plaisir à traiter, dans son quatrième livre de l'É-
néide, quelque chose d'original qu'Homère n'avait point
touché.

9° J'avoue que les anciens ont un grand désavantage
par le défaut de leur religion et par la grossièreté de leur
philosophie. Du temps d'Homère, leur religion n'était qu'un
tissu monstrueux de fables aussi ridicules que les contes
des fées; leur philosophie n'avait rien que de vain et de
superstitieux. Avant Socrate, la morale était très-imparfaite, quoique les législateurs eussent donné d'excellentes
règles pour le gouvernement des peuples. Il faut même
avouer que Platon fait raisonner faiblement Socrate sur
l'immortalité de l'âme. Ce bel endroit de Virgile,

Felix qui potuit rerum cognoscere causas (2), etc.

aboutit à mettre le bonheur des hommes sages à se déli-
vrer de la crainte des présages et de l'enfer. Ce poëte ne
promet point d'autre récompense, dans l'autre vie, à la
vertu la plus pure et la plus héroïque, que le plaisir de
jouer sur l'herbe, ou de combattre sur le sable, ou de
danser, ou de chanter des vers, ou d'avoir des chevaux,
ou de mener des chariots, et d'avoir des armes (3). Encore
ces hommes et ces spectacles qui les amusaient n'étaient-

(1) *Odyss.*, liv. XI. (V.)

(2) *Georg.*, lib. II, v. 4J0.

    Heureux le sage, instruit des lois de la nature, etc. (V.)

(3) Fénelon lui-même l'emporte beaucoup sur les anciens dans
son *Télémaque*, lorsqu'il fait la peinture des champs Élysées. Il
prend à l'antiquité toutes ses beautés, et il y ajoute toutes les ins-
pirations du christianisme. (A. D.)

ils plus que de vaines ombres ; encore ces ombres gémissaient par l'impatience de rentrer dans des corps pour recommencer toutes les misères de cette vie, qui n'est qu'une maladie par où l'on arrive à la mort, *mortalibus œgris.* Voilà ce que l'antiquité proposait de plus consolant au genre humain :

Pars in gramineis exercent membra palæstris (1), etc

. . . . . Quæ lucis miseris tam dira cupido (2)?

Les héros d'Homère ne ressemblent point à d'honnêtes gens, et les dieux de ce poëte sont fort au-dessous de ces héros mêmes, si indignes de l'idée que nous avons de l'honnête homme. Personne ne voudrait avoir un père aussi vicieux que Jupiter, ni une femme aussi insupportable que Junon, encore moins aussi infâme que Vénus. Qui voudrait avoir un ami aussi brutal que Mars, ou un domestique aussi larron que Mercure ? Ces dieux semblent inventés tout exprès par l'ennemi du genre humain, pour autoriser tous les crimes, et pour tourner en dérision la Divinité. C'est ce qui a fait dire à Longin (3) « qu'Homère « a fait des dieux des hommes qui furent au siège de « Troie, et qu'au contraire, des dieux mêmes il en a fait « des hommes. » Il ajoute que « le législateur des Juifs, « qui n'était pas un homme ordinaire, ayant fort bien « conçu la grandeur et la puissance de Dieu, l'a exprimée « dans toute sa dignité, au commencement de ses lois, « par ces paroles : *Dieu dit : Que la lumière se fasse ;* « *et la lumière se fit · Que la terre se fasse ; et la terre* « *fut faite.* »

(1) *Æneid.,* VI, v. 642.

Tantôt ce peuple heureux, sur les herbes naissantes
Exerce en se jouant des luttes innocentes.
                                        DELILLE. (V.)

2) *Ibid.,* 721.

Qui peut inspirer à ces malheureux cet excès d'amour pour la vie ? (V.)

(3) *Du Subl.,* ch. VII. (V.)

10° Il faut avouer qu'il y a, parmi les anciens, peu d'auteurs excellents, et que les modernes en ont quelques-uns dont les ouvrages sont précieux. Quand on ne lit point les anciens avec une avidité de savant, ni par le besoin de s'instruire de certains faits, on se borne par goût à un petit nombre de livres grecs et latins. Il y en a fort peu d'excellents, quoique ces deux nations aient cultivé si longtemps les lettres. Il ne faut donc pas s'étonner si notre siècle, qui ne fait que sortir de la barbarie, a peu de livres français qui méritent d'être souvent relus avec un très-grand plaisir. Il me serait facile de nommer beaucoup d'anciens, comme Aristophane, Plaute, Sénèque le tragique, Lucain, et Ovide même, dont on se passe volontiers (1). Je nommerais aussi sans peine un nombre assez considérable d'auteurs modernes qu'on goûte et qu'on admire avec raison; mais je ne veux nommer personne, de peur de blesser la modestie de ceux que je nommerais, et de manquer aux autres en ne les nommant pas.

Il faut, d'un autre côté, considérer ce qui est à l'avantage des anciens. Outre qu'ils nous ont donné presque tout ce que nous avons de meilleur, de plus, il faut les estimer jusque dans les endroits qui ne sont pas exempts de défauts. Longin remarque (2) qu'il « faut craindre la « bassesse dans un discours si poli et si limé. » Il ajoute que « le grand... est glissant et dangereux... Quoique j'aie « remarqué, dit-il encore, plusieurs fautes dans Homère « et dans tous les plus célèbres auteurs; quoique je sois « peut-être l'homme du monde à qui elles plaisent le moins, « j'estime, après tout..., qu'elles sont de petites négligences « qui leur ont échappé, parce que leur esprit, qui ne s'é- « tudiait qu'au grand, ne pouvait pas s'arrêter aux petites « choses... Tout ce qu'on gagne à ne point faire de fau- « tes est de n'être point repris: mais le grand se fait ad- « mirer. » Ce judicieux critique croit que c'est dans le déclin de l'âge qu'Homère a quelquefois un peu *som-*

(1) Ce jugement est sévère, mais il n'étonne pas dans un homme jui avait le goût aussi pur et l'âme aussi belle que Fénelon. (A. D.)
(2) *Du Subl.*, ch. XXVII. (V.)

meillé par les longues narrations de l'*Odyssée ;* mais il ajoute que cet affaiblissement *est , après tout, la vieillesse d'Homère* (1). En effet, certains traits négligés des grands peintres sont fort au-dessus des ouvrages les plus léchés (2) des peintres médiocres. Le censeur médiocre ne goûte point le sublime, il n'en est point saisi : il s'occupe bien plutôt d'un mot déplacé, ou d'une expression négligée ; il ne voit qu'à demi la beauté du plan général, l'ordre et la force qui règnent partout. J'aimerais autant le voir occupé de l'orthographe, des points interrogants (3) et des virgules. Je plains l'auteur qui est entre ses mains et à sa merci : *Barbarus has segetes* (4)! Le censeur qui est grand dans sa censure se passionne pour ce qui est grand dans l'ouvrage : « il méprise, selon l'expres- « sion de Longin (5), une exacte et scrupuleuse délica- « tesse. » Horace est de ce goût :

> Verum ubi plura nitent in carmine, non ego paucis
> Offendar maculis, quas aut incuria fudit,
> Aut humana parum cavit natura (6).

De plus, la grossièreté difforme de la religion des anciens, et le défaut de vraie philosophie morale où ils étaient avant Socrate, doivent, en un certain sens, faire un grand honneur à l'antiquité. Homère a dû sans doute peindre ses dieux comme la religion les enseignait au monde ido-

---

(1) *Du Subl.*, ch. VII. (V.)

(2) *Des ouvrages les plus léchés...* Cette expression technique était employée pour les tableaux dont les couleurs étaient adoucies avec beaucoup de soin et de patience. (A. D.)

(3) On dirait aujourd'hui *des points d'interrogation.* (A. D.)

(4) *Virg., Eclog.* I, v. 72.

> Un barbare viendra dévorer ces moissons !
>   DE LANGEAC.

(5) *Du Subl.,* ch. XXIX. (V.)

(6) *De Arte poët.*, v. 351-353.

> En lisant de beaux vers, je n'oserai me plaindre
> De quelque trait moins pur négligemment jeté,
> Tribut que le talent paye à l'humanité.
>   DARU. (V.

6

lâtre en son temps : il devait représenter les hommes selon les mœurs qui régnaient alors dans la Grèce et dans l'Asie Mineure. Blâmer Homère d'avoir peint fidèlement d'après nature, c'est reprocher à M. Mignard, à M. de Troy, à M. Rigaud (1), d'avoir fait des portraits ressemblants. Voudrait-on qu'on peignît Momus comme Jupiter, Silène comme Apollon, Alecto comme Vénus, Thersite comme Achille? Voudrait-on qu'on peignît la cour de notre temps avec les fraises et les barbes des règnes passés? Ainsi Homère ayant dû peindre avec vérité, ne faut-il pas admirer l'ordre, la proportion, la grâce, la force, la vie, l'action et le sentiment qu'il a donnés à toutes ses peintures? Plus la religion était monstrueuse et ridicule, plus il faut l'admirer de l'avoir relevée par tant de magnifiques images; plus les mœurs étaient grossières, plus il faut être touché de voir qu'il ait donné tant de force à ce qui est en soi si irrégulier, si absurde et si choquant. Que n'aurait-il point fait, si on lui eût donné à peindre un Socrate, un Aristide, un Timoléon, un Agis, un Cléomène, un Numa, un Camille, un Brutus, un Marc-Aurèle !

Diverses personnes sont dégoûtées de la frugalité des mœurs qu'Homère dépeint. Mais, outre qu'il faut que le poëte s'attache à la ressemblance pour cette antique simplicité, comme pour la grossièreté de la religion païenne, de plus rien n'est si aimable que cette vie des premiers hommes. Ceux qui cultivent leur raison et qui aiment la vertu peuvent-ils comparer le luxe vain et ruineux, qui est en notre temps la peste des mœurs et l'opprobre de la nation, avec l'heureuse et élégante simplicité que les anciens nous mettent devant les yeux?

En lisant Virgile, je voudrais être avec ce vieillard qu'il me montre :

Namque sub OEbaliæ memini me turribus altis,
Qua niger humectat flaventia culta Galesus,
Corycium vidisse senem, cui pauca relicti

(1) Ces trois peintres vivaient au XVIIe siècle. Ils étaient renommés pour leurs portraits. (A. D.)

Jugera ruris erant; nec fertilis illa juvencis,
Nec pecori opportuna seges . . . . . .
Regum æquabat opes animis; seraque revertens
Nocte domum, dapibus mensas onerabat inemptis.
Primus vere rosam, atque autumno carpere poma;
Et quum tristis hiems etiam nunc frigore saxa
Rumperet, et glacie cursus frenaret aquarum,
Ille comam mollis jam tum tondebat acanthi,
Æstatem increpitans seram, zephyrosque morantes (1).

Homère n'a-t-il pas dépeint avec grâce l'île de Calypso et les jardins d'Alcinoüs, sans y mettre ni marbre, ni dorure (2)? Les occupations de Nausicaa ne sont-elles pas plus estimables que le jeu et que les intrigues des femmes de notre temps? Nos pères en auraient rougi; et on ose mépriser Homère pour n'avoir pas peint par avance ces mœurs monstrueuses, pendant que le monde était encore assez heureux pour les ignorer!

Virgile, qui voyait de près toute la magnificence de Rome, a tourné en grâce et en ornement de son poëme la pauvreté du roi Évandre:

(1) *Georg.*, lib. IV, v. 125-138.

> Aux lieux où le Galèse, en des plaines fécondes,
> Parmi les blonds épis roule ses noires ondes,
> J'ai vu, je m'en souviens, un vieillard fortuné,
> Possesseur d'un terrain longtemps abandonné;
> C'était un sol ingrat, rebelle à la culture,
> Qui n'offrait aux troupeaux qu'une aride verdure...
> Un jardin, un verger, dociles à ses lois,
> Lui donnaient le bonheur qui s'enfuit loin des rois.
> Le soir, des simples mets que ce lieu voyait naître,
> Ses mains chargeaient sans frais une table champêtre
> Il cueillait le premier les roses du printemps,
> Le premier, de l'automne amassait les présents;
> Et lorsque autour de lui, déchaîné sur la terre,
> L'hiver impétueux brisait encor la pierre,
> D'un frein de glace encore enchaînait les ruisseaux,
> Lui déjà de l'acanthe émondait les rameaux,
> Et, du printemps tardif accusant la paresse,
> Prévenait les zéphyrs et hâtait sa richesse.
>
> DELILLE. (V.)

(2) Quel contraste entre les goûts si simples et si purs de Fénelon, et la riche élégance et le luxe extravagant de son siècle! Cette opposition seule suffirait pour expliquer les disgrâces dont il fut frappé sur la fin de sa vie. (A. D.)

Talibus inter se dictis, ad tecta subibant
Pauperis Evandri, passimque armenta videbant
Romanoque foro et lautis mugire Carinis.
Ut ventum ad sedes : « Hæc, inquit, limina victor
Alcides subiit ; hæc illum regia cepit.
Aude, hospes, contemnere opes, et te quoque dignum
Finge deo ; rebusque veni non asper egenis. »
Dixit ; et angusti subter fastigia tecti
Ingentem Æneam duxit, stratisque locavit
Effultum foliis et pelle Libystidis ursæ (1).

La honteuse lâcheté de nos mœurs nous empêche de
lever les yeux pour admirer le sublime de ces paroles :
Aude, hospes, contemnere opes.

Le Titien, qui a excellé pour le paysage, peint un val-
lon plein de fraîcheur avec un clair ruisseau, des montagnes escarpées et des lointains qui s'enfuient dans l'hori-
zon : il se garde bien de peindre un riche parterre avec
des jets d'eau et des bassins de marbre. Tout de même
Virgile ne peint point des sénateurs fastueux, et occupés

---

(1) *Æneid.*, VIII, v. 359-368.

L'humble palais du roi frappe enfin leurs regards.
Quelques troupeaux erraient dispersés dans ces plaines,
Séjour des rois du monde et des pompes romaines ;
Et le taureau mugit où d'éloquentes voix
Feront le sort du monde et le destin des rois.
Tandis que de ces lieux Achate, Évandre, Énée,
Méditent en marchant la haute destinée,
On arrive au palais, où la félicité
Se plaît dans l'innocence et dans la pauvreté.
« Ce n'est pas dans ma cour que le faste réside,
Dit Évandre. Ce toit reçut le grand Alcide,
Des monstres, des brigands noble exterminateur ;
Là siégea près de moi ce dieu triomphateur :
Depuis qu'il l'a reçu, ce palais est un temple.
Fils des dieux comme lui, suivez ce grand exemple.
Osez d'un luxe vain fouler aux pieds l'orgueil ;
De mon humble séjour ne fuyez point le seuil ;
Venez, et regardez, des yeux de l'indulgence,
Du chaume hospitalier l'honorable indigence. »
Il dit, et fait placer pour le roi d'Ilion
Sur un lit de feuillage une peau de lion.

DELILLE. (V.)

d'intrigues criminelles ; mais il représente un laboureur innocent et heureux dans sa vie rustique :

> Deinde satis fluvium inducit rivosque sequentes;
> Et, quum exustus ager morientibus æstuat herbis,
> Ecce supercilio clivosi tramitis undam
> Elicit? illa cadens raucum per levia murmur
> Saxa ciet, scatebrisque arentia temperat arva (1).

Virgile va même jusqu'à comparer ensemble une vie libre, paisible et champêtre, avec les voluptés mêlées de trouble dont on jouit dans les grandes fortunes. Il n'imagine rien d'heureux qu'une sage médiocrité, où les hommes seraient à l'abri de l'envie pour les prospérités, et de la compassion pour les misères d'autrui :

> Illum non populi fasces, non purpura regum
> Flexit . . . .
> . . . . Neque ille
> Aut doluit miserans inopem, aut invidit habenti.
> Quos rami fructus, quos ipsa volentia rura
> Sponte tulere sua, carpsit; nec ferrea jura (2), etc.

---

(1) *Georg.*, lib. I, v. 106-110.

> Qui, d'un fleuve coupé par de nombreux canaux,
> Court dans chaque sillon distribuer les eaux.
> Si le soleil brûlant flétrit l'herbe mourante,
> Aussitôt je le vois, par une douce pente,
> Amener du sommet d'un rocher sourcilleux
> Un docile ruisseau, qui sur un lit pierreux
> Tombe, écume, et, roulant avec un doux murmure,
> Des champs désaltérés ranime la verdure.
>
> DELILLE. (V.)

2) *Ibid.*, lib. II, v. 495-801.

> La pompe des faisceaux, l'orgueil du diadème,
> L'intérêt, dont la voix fait taire le sang même,
> . . . . ne troublent point sa paix.
> Auprès de ses égaux passant sa douce vie,
> Son cœur n'est attristé de pitié ni d'envie.
> Jamais, aux tribunaux disputant de vains droits,
> La chicane pour lui ne fit mugir sa voix :
> Sa richesse, c'est l'or des moissons qu'il fait naître;
> Et l'arbre qu'il planta chauffe et nourrit son maître.
>
> DELILLE. (V.)

6.

Horace fuyait les délices et la magnificence de Rome, pour s'enfoncer dans la solitude :

> Omitte mirari beatæ
> Fumum, et opes, strepitumque Romæ (1).

> . . . . Mihi jam non regia Roma,
> Sed vacuum Tibur placet, aut imbelle Tarentum (2).

Quand les poëtes veulent charmer l'imagination des hommes, ils les conduisent loin des grandes villes; ils leur font oublier le luxe de leur siècle, ils les ramènent à l'âge d'or; ils représentent des bergers dansant sur l'herbe fleurie à l'ombre d'un bocage, dans une saison délicieuse, plutôt que des cours agitées, et des grands qui sont malheureux par leur grandeur même :

> Agréables déserts, séjour de l'innocence,
> Où, loin des vains objets de la magnificence,
> Commence mon repos et finit mon tourment;
> Vallons, fleuves, rochers, aimable solitude,
> Si vous fûtes témoins de mon inquiétude,
> Soyez-le désormais de mon contentement (3).

Rien ne marque tant une nation gâtée, que ce luxe dédaigneux qui rejette la frugalité des anciens. C'est cette dépravation qui renversa Rome. « Insuevit, dit Salluste (4), amare, potare, signa, tabulas pictas, vasa cæ-

(1) *Od.*, lib. III, XXIX, v. 11, 12.
> Laisse à Rome, avec l'opulence,
> Le bruit, la fumée, et l'ennui.
>> DE WAILLY. (V.)

(2) *Epist.*, lib. I, op. VII, v. 44-45.
> Rome n'a déjà plus tant de charme à mes yeux;
> Mais je chéris Tibur, ma paresse, et ces lieux
> Que n'ensanglantent point les querelles funestes.
>> DARU. (V.)

(3) Ces vers sont de Racan, dont Boileau a dit qu'il pouvait *chanter Philis, les bergers et les bois*. Art. poët., I, v. 18. (A. D.)

(4) *Bell. Catilin.*, n. 1er, 12, 13.
La galanterie commença à s'introduire dans l'armée; on s'y accoutuma à boire, à prendre du goût pour des statues, des tableaux, et des vases ciselés .. Les richesses commencèrent à procurer de

lata mirari... Divitiæ honori esse cœperunt... hebescere virtus, paupertas probro haberi... Domos atque villas... in urbium modum exædificatas... A privatis compluribus subversos montes, maria constrata esse, quibus mihi ludibrio videntur fuisse divitiæ... Vescendi causa, terra marique omnia exquirere. » J'aime cent fois mieux la pauvre Ithaque d'Ulysse, qu'une ville brillante par une si odieuse magnificence. Heureux les hommes, s'ils se contentaient des plaisirs qui ne coûtent ni crime ni ruine ! C'est notre folle et cruelle vanité, et non pas la noble simplicité des anciens, qu'il faut corriger.

Je ne crois point (et c'est peut-être ma faute) ce que divers savants ont cru : ils disent qu'Homère a mis dans ses poëmes la plus profonde politique, la plus pure morale, et la plus sublime théologie. Je n'y aperçois point ces merveilles ; mais j'y remarque un but d'instruction utile pour les Grecs (1), qu'il voulait voir toujours unis, et supérieurs aux Asiatiques. Il montre que la colère d'Achille contre Agamemnon a causé plus de malheurs à la Grèce que les armes des Troyens.

Quidquid delirant reges, plectuntur Achivi.
Seditione, dolis, scelere atque libidine, et ira,
Iliacos intra muros peccatur, et extra (2).

En vain les platoniciens du Bas-Empire, qui imposaient à Julien, ont imaginé des allégories et de profonds mys-

la considération... La vertu languit, la pauvreté devint un opprobre.., On bâtit des palais et des maisons de campagne, que vous prendriez pour autant de villes... Nombre de particuliers ont aplani des montagnes, ont bâti dans les mers, et semblent se jouer de leurs richesses... On mit les terres et les mers à contribution, pour fournir aux plaisirs de la table.

DOTTÉVILLE. (V.)

(1) Horace fait ressortir les enseignements précieux qu'on peut puiser dans les poëmes d'Homère. Voy. son Épitre, l. 1, 11. (A. D.)
(2) Horat., *Epist.*, lib. 1, *ep.* II, v. 14, 15.

.... Des fautes des rois les Grecs portent la peine.
Sous les tentes des Grecs, dans les murs d'Ilion,
Règnent le fol amour et la sédition.

DARU. (V.)

tères dans les divinités qu'Homère dépeint. Ces mystères sont chimériques : l'Écriture, les Pères qui ont réfuté l'idolâtrie, l'évidence même du fait, montrent une religion extravagante et monstrueuse (1). Mais Homère ne l'a pas faite, il l'a trouvée ; il n'a pu la changer, il l'a ornée ; il a caché dans son ouvrage un grand art, il a mis un ordre qui excite sans cesse la curiosité du lecteur ; il a peint avec naïveté, grâce, force, majesté, passion : que veut-on de plus ?

Il est naturel que les modernes, qui ont beaucoup d'élégance et de tours ingénieux, se flattent de surpasser les anciens, qui n'ont que la simple nature. Mais je demande la permission de faire ici une espèce d'apologue. Les inventeurs de l'architecture qu'on nomme *gothique*, et qui est, dit-on, celle des Arabes (2), crurent sans doute avoir surpassé les architectes grecs. Un édifice grec n'a aucun ornement qui ne serve qu'à orner l'ouvrage ; les pièces nécessaires pour le soutenir ou pour le mettre à couvert, comme les colonnes et la corniche, se tournent seulement en grâce par leurs proportions : tout est simple, tout est mesuré, tout est borné à l'usage ; on n'y voit ni hardiesse ni caprice qui impose aux yeux ; les proportions sont si justes, que rien ne paraît fort grand, quoique tout le soit ; tout est borné à contenter la vraie raison. Au contraire, l'architecte gothique élève sur des piliers très-minces une voûte immense qui monte jusqu'aux nues : on croit que tout va tomber, mais tout dure pendant bien des siècles ; tout est plein de fenêtres, de roses et de pointes ; la pierre semble découpée comme du carton ; tout est à jour, tout est en l'air. N'est-il pas naturel que les premiers architectes gothiques se soient flattés

(1) Julien se faisait illusion à lui-même. Comme il ne pouvait lutter contre le christianisme dans l'intérêt d'un polythéisme grossier, il affecta de considérer les erreurs de son temps comme une corruption du paganisme véritable, et il se mit à rechercher ce paganisme dans les ténèbres de l'antiquité la plus reculée. (A. D.)

(2) Ce seul rapprochement prouve combien on avait peu étudié l'art chrétien au xviie siècle. (A. D.)

d'avoir surpassé, par leur vain raffinement, la simplicité grecque ? Changez seulement les noms, mettez les poëtes et les orateurs en la place des architectes : Lucain devait naturellement croire qu'il était plus grand que Virgile ; Sénèque le tragique pouvait s'imaginer qu'il brillait bien plus que Sophocle ; le Tasse a pu espérer de laisser derrière lui Virgile et Homère (1). Ces auteurs se seraient trompés en pensant ainsi : les plus excellents auteurs de nos jours doivent craindre de se tromper de même.

Je n'ai garde de vouloir juger en parlant ainsi ; je propose seulement aux hommes qui ornent notre siècle, de ne mépriser point ceux que tant de siècles ont admirés (2). Je ne vante point les anciens comme des modèles sans imperfections ; je ne veux point ôter à personne l'espérance de les vaincre : je souhaite au contraire de voir les modernes victorieux par l'étude des anciens mêmes qu'ils auront vaincus. Mais je croirais m'égarer au delà de mes bornes, si je me mêlais de juger jamais pour le prix entre les combattants :

> Non nostrum inter vos tantas componere lites :
> Et vitula tu dignus, et hic (3) . . . .

Vous m'avez pressé, Monsieur, de dire ma pensée. J'ai

(1) Cette comparaison pèche sous bien des rapports. On ne peut établir un parallèle entre l'architecture gothique et l'architecture grecque, parce qu'elles n'ont ni le même but ni le même caractère. On compare au contraire tout naturellement Lucrèce à Virgile puisqu'ils ont eu l'un et l'autre l'intention de faire un poëme épique, et dans la même langue. (A. D.)

(2) Voilà la véritable modération littéraire, celle qui devrait être de tous les lieux et de tous les temps. Que les modernes détrônent les anciens, soit ; mais alors qu'ils fassent mieux que n'ont fait les Homère, les Virgile, les Cicéron, etc. Et, de nos jours, que Boileau, Racine, Corneille et Voltaire cèdent la palme du génie ; mais que ce ne soit qu'à des rivaux plus dignes qu'eux, s'il s'en trouve, de l'obtenir. Les chefs-d'œuvre que l'on *attend* ne doivent pas faire mépriser ceux que l'on *possède*. (A. D.)

(3) Virg., *Eclog.* III, v. 108, 109.

> Il ne m'appartient pas de nommer le vainqueur
> Vous avez mérité tous deux le même honneur. (V.)

moins consulté mes forces que mon zèle pour la compagnie. J'ai peut-être trop dit, quoique je n'aie prétendu dire aucun mot qui me rende partial. Il est temps de me taire :

> Phœbus volentem prælia me loqui,
> Victas et urbes, increpuit lyra,
>   Ne parva Tyrrhenum per æquor
> Vela darem (1).

Je suis pour toujours, avec une estime sincère et parfaite, Monsieur, etc.

(1) Horat., *Od.*, lib. IV, od. XV, v. 1-4.

> Éprise de César, ma muse allait chanter
> Sa gloire, et les cités qu'il joint à son empire :
>   Me frappant de sa lyre,
> Apollon m'avertit de ne pas affronter
> Un dangereux écueil sur un frêle navire.
>
>   DARU. (F.)